1分钟图解科学

生活中的地理

[韩]金亨真　[韩]尹庸硕
[韩]崔熙贞/著
[韩]金锡　[韩]宋祐汐/绘
王筱宣　李敏姝/译

江苏凤凰科学技术出版社·南京

图书在版编目（CIP）数据

1分钟图解科学 / (韩) 金亨真，（韩）尹庸硕，（韩）崔熙贞著；（韩）金锡，（韩）宋祐汐绘；王筱宣，李敏姝译. — 南京：江苏凤凰科学技术出版社，2022.9

ISBN 978-7-5713-3037-8

Ⅰ. ①1… Ⅱ. ①金… ②尹… ③崔… ④金… ⑤宋… ⑥王… ⑦李… Ⅲ. ①科学知识－青少年读物 Ⅳ. ①Z228.2

中国版本图书馆CIP数据核字（2022）第114392号

1分钟图解科学

著　　者　[韩]金亨真　[韩]尹庸硕　[韩]崔熙贞
绘　　者　[韩]金锡　[韩]宋祐汐
译　　者　王筱宣　李敏姝
责任编辑　洪　勇
特约审稿　刘仁军
责任校对　仲　敏
责任监制　方　晨

出版发行　江苏凤凰科学技术出版社
出版社地址　南京市湖南路1号A楼，邮编：210009
出版社网址　http://www.pspress.cn
印　　刷　天津丰富彩艺印刷有限公司

开　　本　718 mm × 1 000 mm　1/16
印　　张　26
字　　数　650 000
版　　次　2022年9月第1版
印　　次　2022年9月第1次印刷

标准书号　ISBN 978-7-5713-3037-8
定　　价　108.00元（全3册）

图书如有印装质量问题，可随时向我社印务部调换。

前 言

随时随地 1 分钟 四大学科轻松学

本书版权授权自韩国魏茨曼（Weizmann）英才教育。英才教育提倡培养学生的专业科目和特长，使专业能力上升，以提高竞争力。通过活泼、多元的学习方式，让学生在生活中学习，增加对专业科目的兴趣。韩国中小学生中，有 1%~2% 的孩子接受英才教育。

我国小学阶段的科学课实际涵盖了物理、化学、生物学、地理等学科知识，初中阶段正式增设了这 4 门学科。学生如何充分利用小学和初中的黄金时间，利用日常学习及生活的“边角料”时间，高效理解新知识，并点亮探求科学的火种，就显得尤为重要。本书编辑团队为此进行精心设计：

一、四大学科提前学，每天 1 分钟，图解科学趣味读

1. 整理归纳整个初中阶段和部分高中阶段学生需要了解的**四大学科**（物理、化学、生物学、地理）、**23 个主题**、约 **500 个科学概念**。

2. 每个科学概念的标题都以提问或引导启发的形式呈现，并且用一句话准确概括该主题的核心意思，从而激发孩子阅读和探索的意愿。

3. 用**漫画的形式将抽象的知识形象化和趣味化**，根据需要辅以实验器具、动植物和自然现象的真实照片。

4. 增加“**常见误区**”和“**知识拓展**”环节，帮助学生纠正错误认知并延展相关知识。

二、各种难题快速查，1 分钟高效理解新知识

1. 整理提炼每个科学概念的核心点，制作索引部分，便于学生根据关键词快速查找知识。

2. 科学知识的讲解尽量从日常现象入手，由浅入深，即使是刚接触科学的学生也能轻松理解。

3. 科学知识之间尽量做到有关联、有衔接。如果遇到不懂的知识点，可以前后翻查，便于更好地理解和掌握。

三、随时 1 分钟，系统掌握小初知识

本书对知识点加以总结和延展，从而启发学生的思路，让学生举一反三，提升科学思维能力，解决生活和学习中的问题。

使用说明

1

抓住每个零碎的 1 分钟，积少成多，更能锻炼专注力

主题

涉及约 500 个初高中学生需要了解的科学概念，以提问的形式呈现。

核心概括

用一句话准确概括该科学概念的意思，短小精悍。

正文

语言简单明了、思路清晰。辅以学生较为熟悉的例子，加深理解。

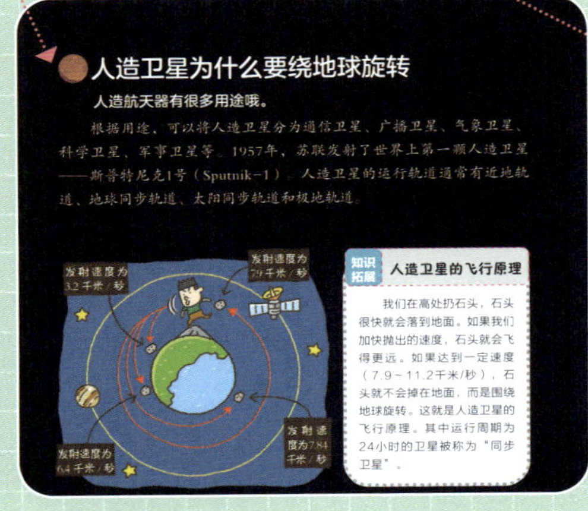

人造卫星为什么要绕地球旋转

人造航天器有很多用途哦。

根据用途，可以将人造卫星分为通信卫星、广播卫星、气象卫星、科学卫星、军事卫星等。1957年，苏联发射了世界上第一颗人造卫星——斯普特尼克1号（Sputnik-1）。人造卫星的运行轨道通常有近地轨道、地球同步轨道、太阳同步轨道和极地轨道。

知识拓展 人造卫星的飞行原理

我们在高处扔石头，石头很快就会落到地面。如果我们加快抛出的速度，石头就会飞得更远。如果达到一定速度（7.9～11.2千米/秒），石头就不会掉在地面，而是围绕地球旋转。这就是人造卫星的飞行原理。其中运行周期为24小时的卫星被称为“同步卫星”。

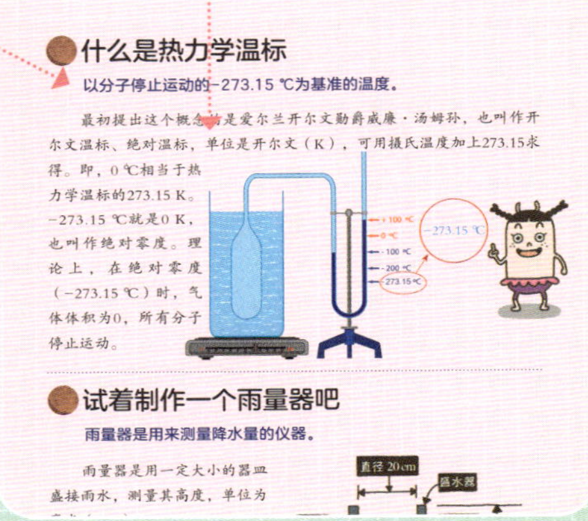

什么是热力学温标

以分子停止运动的−273.15 ℃为基准的温度。

最初提出这个概念的是爱尔兰开尔文勋爵威廉·汤姆孙，也叫作开尔文温标、绝对温标，单位是开尔文（K），可用摄氏温度加上273.15求得。即，0 ℃相当于热力学温标的273.15 K。−273.15 ℃就是0 K，也叫作绝对零度。理论上，在绝对零度（−273.15 ℃）时，气体体积为0，所有分子停止运动。

试着制作一个雨量器吧

雨量器是用来测量降水量的仪器。

雨量器是用一定大小的器皿盛接雨水，测量其高度，单位为

常见误区

指出学生常见的错误认知，并额外解释说明。

知识拓展

扩充和该科学主题相关的内容，帮助学生更好地理解知识。

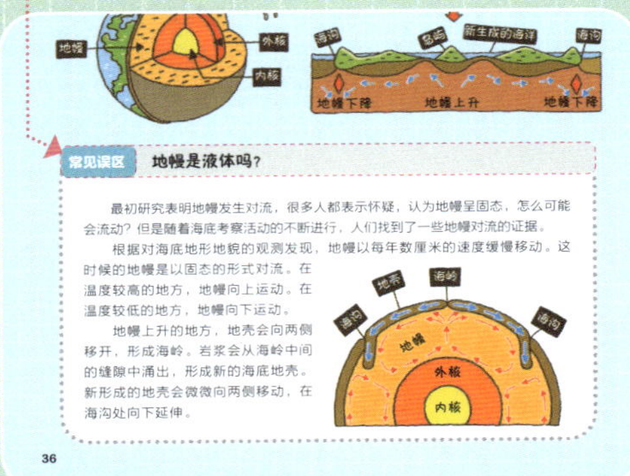

常见误区 地幔是液体吗？

最初研究表明地幔发生对流，很多人都表示怀疑，认为地幔呈固态，怎么可能会流动？但是随着海底考察活动的不断进行，人们找到了一些地幔对流的证据。

根据对海底地形地貌的观测发现，地幔以每年数厘米的速度缓慢移动。这时候的地幔是以固态的形式对流。在温度较高的地方，地幔向上运动。在温度较低的地方，地幔向下运动。

地幔上升的地方，地壳会向两侧移开，形成海岭。岩浆会从海岭中间的缝隙中涌出，形成新的海底地壳。新形成的地壳会微微向两侧移动，在海沟处向下延伸。

36

知识拓展 火山给我们带来的危害和好处

41

2

通过图解和漫画的形式讲解知识，用 1 分钟的时间实现沉浸式快速阅读

图片和照片

添加直观的插图，既能激发学生的学习兴趣和好奇心，又能帮助学生快速理解。

什么是沉积作用

水或冰川搬运的物质逐渐堆积的过程。

河流下游水流变慢，河水中夹杂的各种物质沉到河底。水流越慢，沉积作用越明显，物质从重到轻逐渐沉积。由于沉积作用形成的代表性地形有冲积扇和三角洲。

水流搬运物质的距离长短与物质颗粒的大小有关，因此不同大小的颗粒会沉积在不同的位置。泥土等较轻的颗粒能比石子移动更长的距离，所以泥土一般都沉积在离海岸较远的地方。

什么是地质时期

地球历史上自有岩层记录以来的时期。

地球形成于约46亿年前，地壳形成于约38亿年前。根据地球发生的大规模地壳运动和存在于不同地层中的生物化石，可以推测出生物发展的变化，进而将地球的历史分为以下几个时期。

太古代

太古代是地质发展史中最古老的时期，是地球演化史中具有明确地质记录的最初阶段。

元古代（25亿年前～5.4亿年前）

出现了原始生物，如单细胞生物。当时没有大气层阻挡来自太阳的紫外线，生物都生存在海洋中。

古生代（5.4亿年前～2.5亿年前）

地球气候变暖，生物的数量出现了爆发式增长。海洋中第一次出现了脊椎动物——鱼类。三叶虫等节肢动物开始大量出现，第一次出现了两栖动物，陆地上生存着大量的蕨类植物。

中生代（2.5亿年前～6600万年前）

恐龙等爬行动物开始活跃，海洋中有大量属于贝类的菊石，松树、银杏树等裸子植物发达，中生代末期出现了被子植物。

新生代（6600万年前～现在）

地球上的生物，陆地和海洋的分布，都逐渐变得与现代相同。恐龙灭绝，哺乳动物和鸟类发达。植物中被子植物开始增多，人类也出现于这个时期。

精美插画

引入插画，帮助读者快速掌握难以理解的专业科学知识。

索引

帮助学生快速查找知识点，充分利用零散时间。

北
自转方向
自转方向
南

目 录

1 宇宙的奥秘

2 地质与地貌

3 变幻莫测的气象

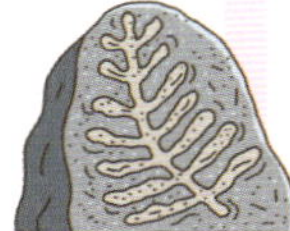

4 保护我们的生态

1 宇宙的奥秘

太阳系的家族成员们

它们都因太阳引力而围绕太阳转动。

太阳系的成员有太阳，八大行星（水星、金星、地球、火星、木星、土星、天王星、海王星），火星和木星之间的小行星带，沿着椭圆轨道围绕太阳转动的彗星，体积小于行星的矮行星，围绕行星转动的卫星和飘荡在太阳系中的碎石或灰尘等流星体。

知识拓展　从行星中被除名的冥王星

冥王星在1930年被世人发现之后，一直位列太阳系的第九大行星，但在2006年国际天文学联合会将其列为矮行星。冥王星不再被列为行星的理由是，冥王星比月球还小，不能清除其轨道附近的天体。

太阳系的行星

恒星为什么能发光

恒星的内部一直在释放能量，所以能够发光。

恒星是高温气团，体积和质量都非常大，可以靠自己的重力维持一定的形状。

恒星的颜色与其温度有关。表面温度比较低的恒星，表面为红色和橙色。表面温度中等的恒星，表面为黄色。太阳表面的温度约为6000 ℃，肉眼看上去呈现出黄色或者红色。

除了太阳以外的大多数恒星都离地球很远，地球上的人类总觉得它们的位置一直保持不变，所以才给它们取名为恒星。

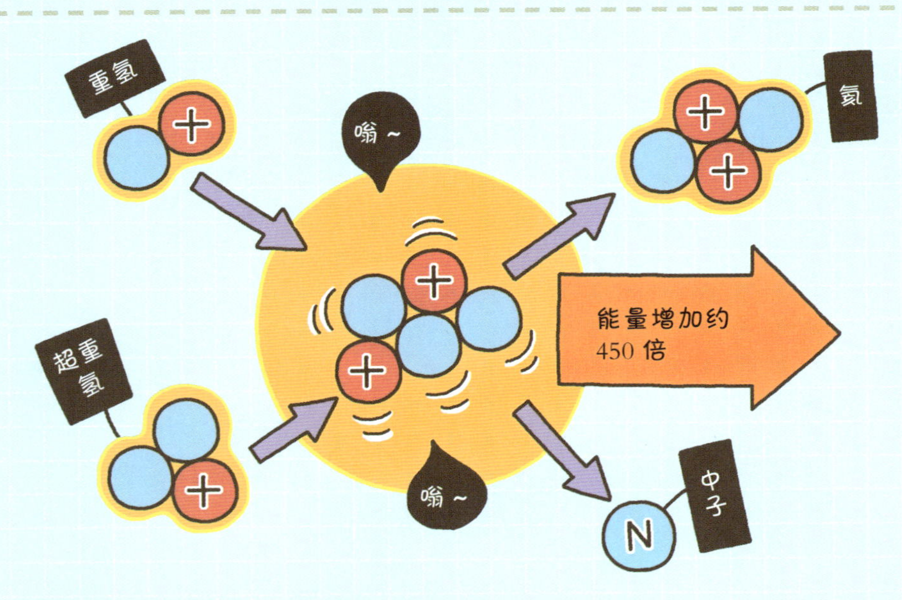

恒星由氢和氦组成，重氢与超重氢结合生成氦的过程，会释放出巨大能量。

一起来了解太阳吧

太阳是太阳系中心能够自发光的星体。

地球等八大行星，以及小行星、流星、彗星等天体都围绕太阳转动。太阳是一颗黄矮星，形成于近50亿年前。太阳主要由氢元素和氦元素组成，氢核聚变会释放大量能量，为地球提供了光和热。太阳能还为植物的光合作用提供了条件，地球上几乎所有的生物都依赖太阳生存。太阳也是影响地球气候的原因之一。

直径：约为139.2万千米（约为地球的109倍）

质量：约为地球的33万倍

日地间平均距离：约为1.496亿千米

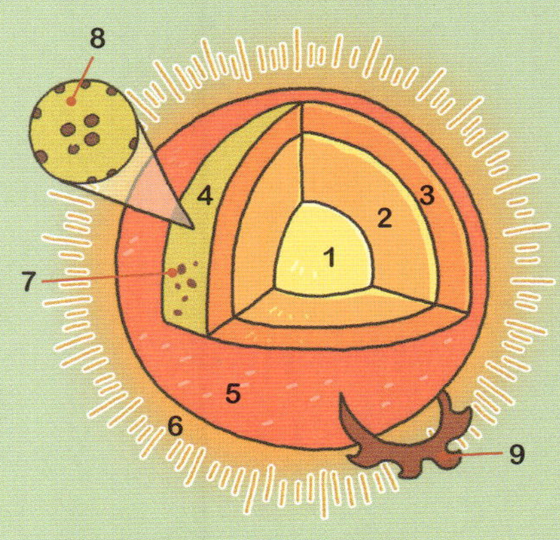

太阳的内部结构

1. 核反应区
2. 辐射层
3. 对流层
4. 光球（太阳的表面）
5. 色球
6. 日冕
7. 黑子（黑子是太阳表面温度相对较低而显得黑的区域，太阳内部强烈的磁场导致对流不能正常进行，因此产生了黑子。黑子的数量以约11年为周期增减）
8. 米粒组织（太阳内部从对流层上升到光球的热气团，较明亮）
9. 日珥（太阳边缘处的火焰状气体）

你对行星的了解有多少

行星无法自体发光，围绕恒星转动。

太阳系的八大行星按照位置可以分为内行星和外行星，按照组成物质可以分为类地行星和类木行星。

太阳系以外，也有行星在围绕恒星转动，这种行星叫作系外行星。

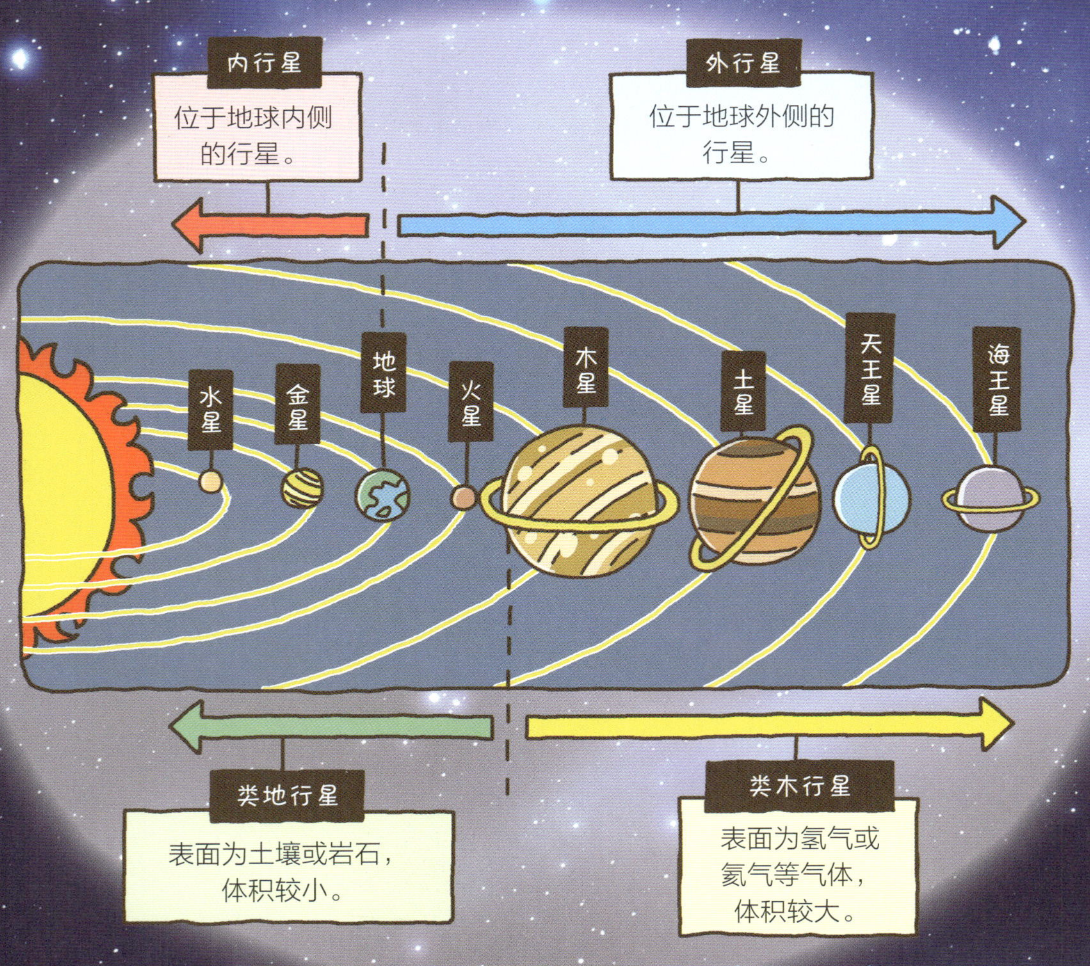

怎么计算星星之间的距离

天体之间的距离太远了，所以要用到天文单位。

如果用我们日常使用的距离单位来计算天体间的距离，数值会过于巨大。因此在计算太阳系内部天体之间的距离时，使用太阳和地球间的平均距离为1个单位。这被称为天文单位，缩写为AU。

太阳和地球间的平均距离约为1亿4960万千米，可以用1 AU表示。太阳和海王星之间的距离约为44亿9600万千米，可以简单地用30.07 AU来表示。

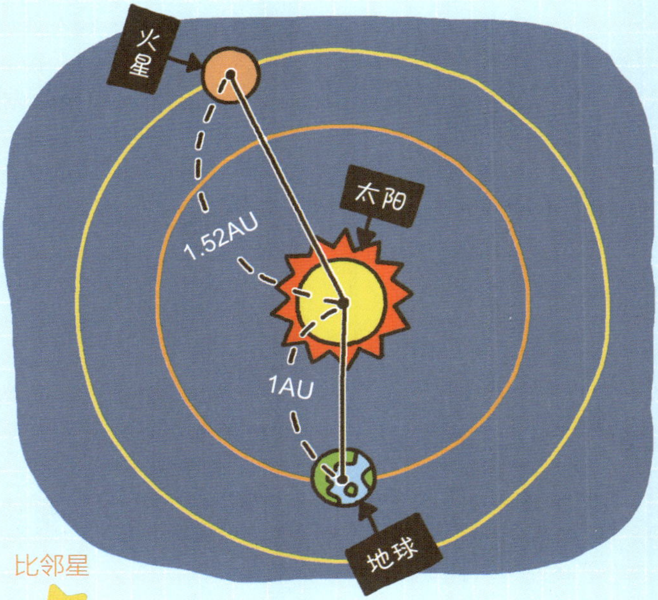

如果用天文单位来表示太阳系外部天体间的距离，数值还是会过于巨大，所以在这种情况下会使用光年（l.y.）作为距离单位。1光年是指光在真空中一年的时间里传播的距离，约为94605亿千米。

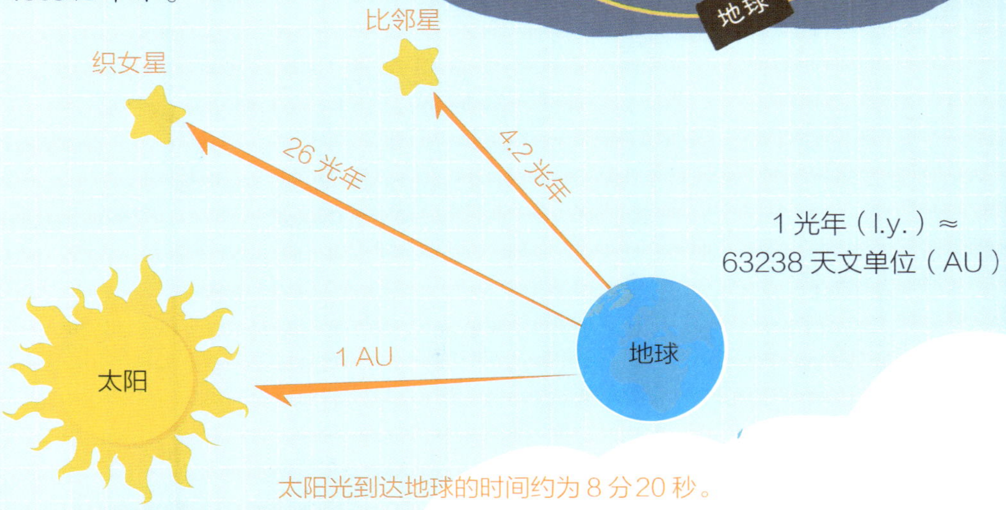

火星
太阳
1.52AU
1AU
地球

比邻星
织女星
26光年
4.2光年
1光年（l.y.）≈
63238天文单位（AU）
太阳
地球
1 AU

太阳光到达地球的时间约为8分20秒。

你看，星星在转圈圈

其实是因为地球在自转，自转就是天体绕自转轴进行旋转。

地球的自转周期约为24小时，赤道地区的转速约为463米/秒。地球的自转方向是自西向东，从北极上空看就是逆时针方向。

地球的自转轴是连接北极和南极的假想轴，地球的自转轴与公转轨道平面的夹角约为66° 34'。

北
自转方向
自转方向
南

地球的自转产生了昼夜交替现象。

自转和公转？它们有什么区别啊？我感觉我都被转晕了。

由于地球在自转，所以我们在地球上会觉得太阳和其他星星一天转一圈。

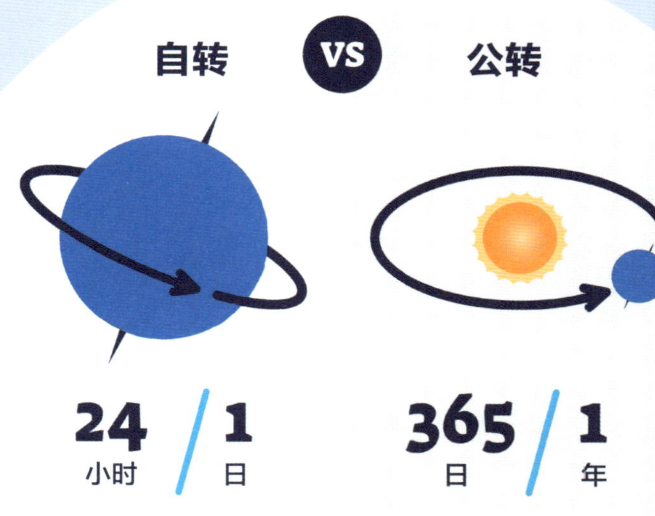

白天
黑夜

古代人用什么来计时

历史上人们曾使用日晷，根据在地球上看到的太阳的位置来测定时间。

仰釜日晷

西方的日晷

日晷曾作为计时工具。由于地球在不停自转，所以我们在地球上看到的太阳的位置也在不停变化，物体的影子也会随之变化。日晷就是根据这个原理制成的。

知识拓展 **从仰釜日晷上可以同时读出时间和节气。**

我们来看看**读时间的方法**：早晨太阳升起，影子位于西方，中午影子位于正北方，下午影子位于东方。影子所在的竖线（时间线）即为时间。当时使用的时间单位和现在不同，使用十二时辰来划分时间。

你生活在哪个纬度呢

赤道以北为北纬，赤道以南为南纬。

以赤道为基准，位于赤道北侧为北纬，位于赤道南侧为南纬。赤道为0° 纬线，南北半球的纬度各有90° 。北纬可以用“N”表示，南纬可以用“S”表示。北极点的纬度为北纬90°（90° N），南极点的纬度为南纬90°（90° S）。

在南半球，从北往南，纬线度数越来越大。在北半球，从北向南，纬线度数越来越小。在同一条经线上，纬度每相差1° ，距离约为111千米。

地球的东西半球是怎么划分的

地球的东西半球按照西经20° 和东经160° 组成的经线圈来划分。

经过英国格林尼治天文台旧址的那条经线被定为本初子午线，经度为0° ，是经线的起始线。由此向东和向西，各分180° ，称为东经和西经。东经可以用“E”表示，西经可以用“W”表示。东经180° 和西经180° 是重合的，可以把它称为180° 经线。

什么是标准时间

一个国家或地区会使用统一的标准时间。

因为地球在自转，所以从地球的视角来看，就像是太阳在围绕地球转动。标准时间就是根据一天中太阳位置的移动来划分24小时的。因为地球自转360°需要24小时，所以经度每隔15°就相差1小时。全世界以位于0°经线上的英国格林尼治天文台旧址为基准，经度每向东15°，时间就要加上1小时。

国土面积较大的俄罗斯、加拿大、美国等国家，会将国土划分为几个区域，分别使用不同的标准时间。中国的标准时间是以东经120°的地方时间，作为北京时间（东八区）。

知识拓展 国际日界线

1884年的国际经度会议上规定了原则上以180°经线作为地球上的“今天”和“昨天”的分界线，这就是国际日界线。地球上新的一天就从这里开始。东十二区和西十二区的区时相同，但是日期相差一天，也就是说，东十二区比西十二区早一天。

自转的同时，还在公转

公转就是一个天体绕着另一个天体转动。

地球绕太阳公转，月球绕地球公转。地球绕太阳公转一圈，大约需要一年（约365天），月球绕地球公转一圈，大约需要一个月（约27.3天）。

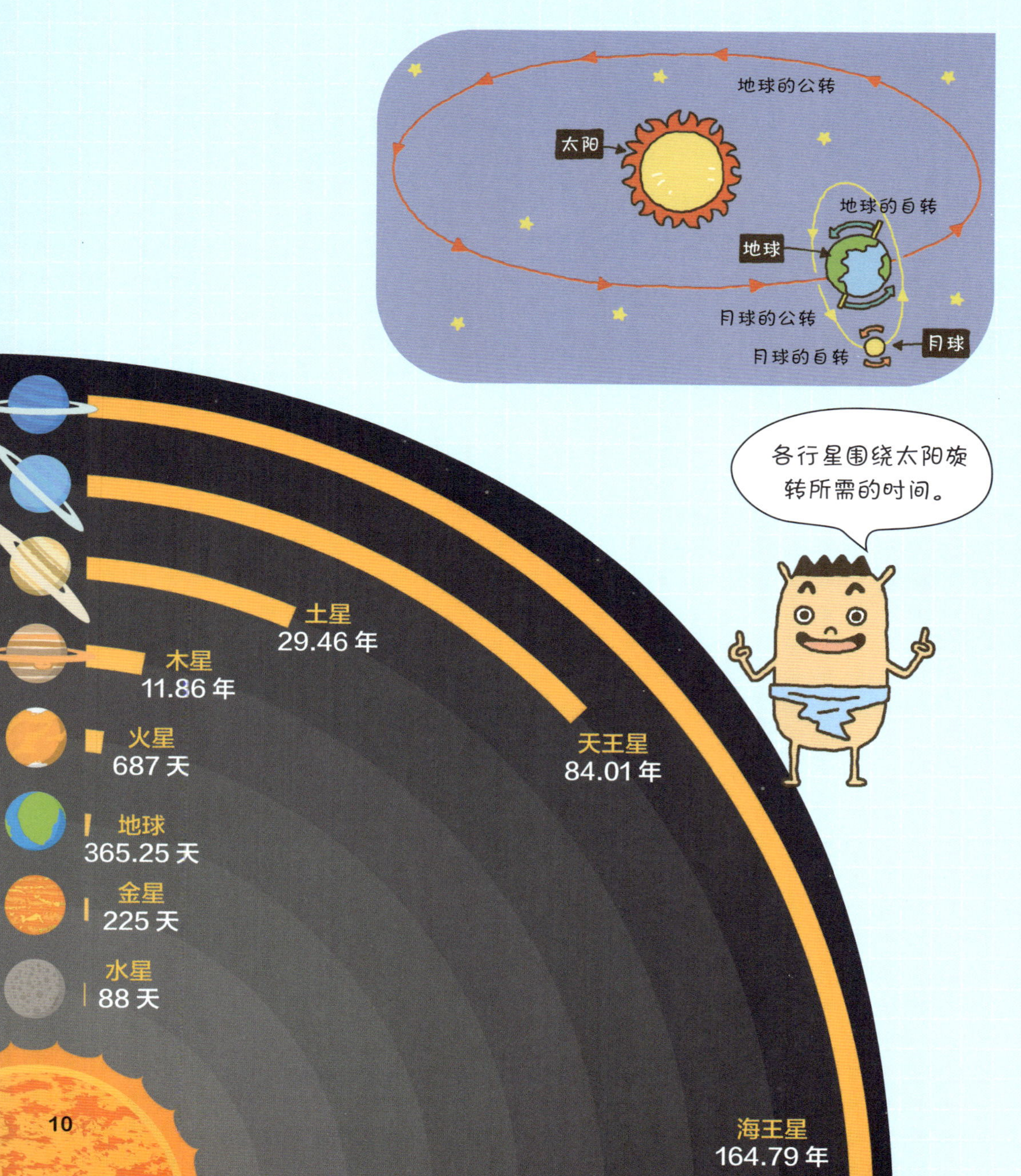

什么是黄道

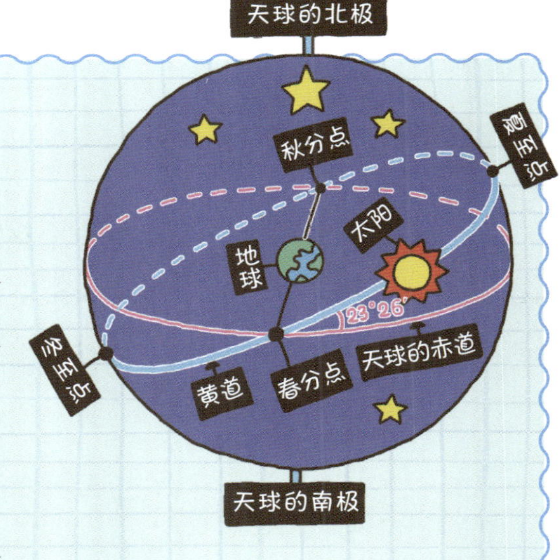

黄道是地球公转轨道的平面。

地球沿着固定的轨道围绕太阳公转，而我们站在地球上看，太阳就像是每年沿着固定的轨道运动一样。

黄道与天球赤道形成了23° 26'的夹角。春分和秋分时，太阳的位置分别位于黄道和天球赤道的两个交点上，这两点分别叫作春分点和秋分点。夏至时太阳到达黄道上最北的那一点，叫作夏至点，冬至时太阳到达黄道上最南的那一点，叫作冬至点。可以用黄道来描述太阳系内天体的位置。

它们都围着太阳转

日心说就是地球围绕太阳公转的学说。

日心说，也称为地动说，认为太阳是宇宙的中心。

在日心说出现之前，人们认为地球是宇宙的中心，地球是静止不动的，其他星球都环绕地球而动，这就是地心说，也被称为天动说。

公元16世纪，波兰天文学家哥白尼对日心说做出系统的论述。此后，布拉赫、伽利略、开普勒、牛顿等科学家分别通过观测，为日心说提供了事实依据。

月球 地球 火星 水星 金星 太阳 木星 土星

哥白尼的日心说体系

伽利略使用望远镜发现了木星周围的四颗卫星，所以认为所有天体都围绕地球转动的地心说是错误的。伽利略留下了一句著名的话：“地球仍然在转动。”

有人说地球是整个宇宙的中心

地心说就是所有天体围绕地球公转的学说。

地心说认为，地球是整个宇宙的中心。在过去，人们并不觉得地球在运动，却能看见太阳和星星在不断运动，所以地心说就自然而然地成为主流宇宙学说，古代都按照地心说来描绘宇宙的样貌。

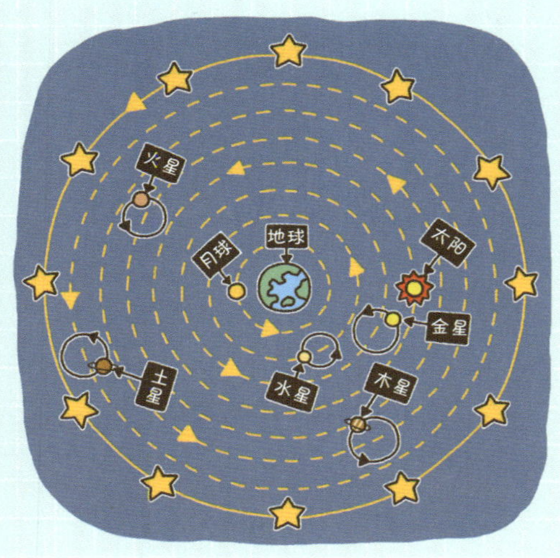

地心说的模型图

2世纪，托勒密综合了之前的宇宙学说，用地心说系统化地解释了各种宇宙现象。从那时到16世纪，地心说一直都是解释宇宙现象的主流学说。后来，数位科学家观测到的一些天体运动，却无法用地心说来解释清楚，这最终证明哥白尼的日心说才是正确的。

星星都在绕着北极星转吗

由于地球在自转，所以我们会觉得天体都在绕着北极星运动。

天体似乎在向地球自转的反方向（自东向西）运动。实际上并不是天体在运动，而是地球自转导致地球上的观测者的位置发生变化。北半球的观测者会觉得星星在绕着地球自转轴延长线上的北极星旋转，旋转的速度是15°/时。

知识拓展 月球和太阳的周日运动

天体的周日运动，也被称为周日视运动，是由地球自转引起的。

我们观测到的日月的升起和落下，也正是这个原因。

你能找到北极星吗

可以通过北斗七星和仙后座找到北极星。

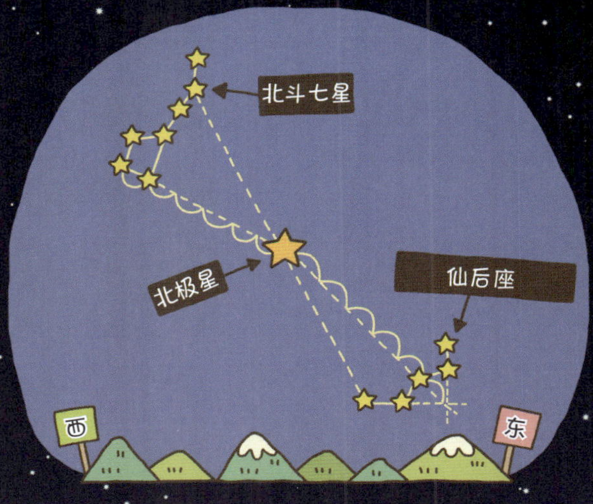

北极星属于小熊星座，距离地球约400光年。由于北极星位于地球自转轴的北延长线上，所以在北半球的我们会觉得北极星一直静止不动，而且其他恒星会绕着北极星转动。

长久以来，人们一直把北极星当作指明正北方向的指北针。要找到北极星，可以先找勺子形状的北斗七星，顺着斗勺连线向外延长约5倍的距离，就可以找到北极星。仙后座在秋天出现，呈W形，W外侧的两条边延长后交于一点，该点与中间的星连成一条线，延长线上约5倍的距离，也可以找到北极星。

知识拓展 北极星一直都在同一个位置上吗？

在地球自转的同时，地球的自转轴也在转动，就像陀螺在转动的时候，陀螺的中心轴也在转动。因为地球自转轴的方向在缓慢地发生改变，所以北极星也会离地球的北极越来越远。约公元14000年，北极星这个角色将由天琴座织女星来担任。

卫星在守护行星吗

卫星是围绕行星运转的天然天体。

行星重力产生的引力，导致卫星围绕行星运转。月球是地球的卫星。在太阳系的八颗行星中，只有水星和金星没有卫星。

一般来说，卫星的直径是行星的几十分之一，质量不足行星的万分之一。月球比较特殊，直径约为地球的1/4，质量约为地球的1/81，属于非常大的卫星。

伽利略第一个发现了除月球以外的其他卫星，他用望远镜发现了木星的四颗卫星（木卫一、木卫二、木卫三和木卫四），这些卫星被称为伽利略卫星。

伽利略卫星

哪个天体离地球最近

月球是绕地球旋转的天然卫星。

月球是离地球最近的天体，绕地球公转一圈需要近一个月的时间。月球自转周期和公转周期相同，因此在地球上只能看到月球的同一个面。

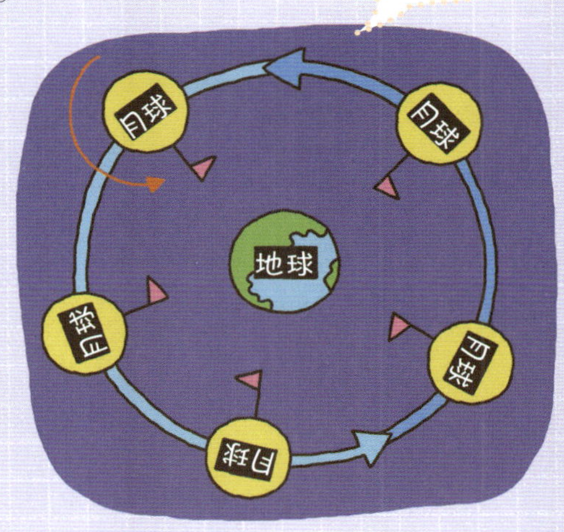

在月球绕地球公转的同时，地球也绕太阳公转，因此会出现太阳光被月球遮挡的日食现象和月球被地球影子挡住的月食现象。

月球表面有阴暗的部分和明亮的区域，分别被称为月海和月陆。月球表面还有很多陨石撞击产生的陨石坑。

你知道吗?

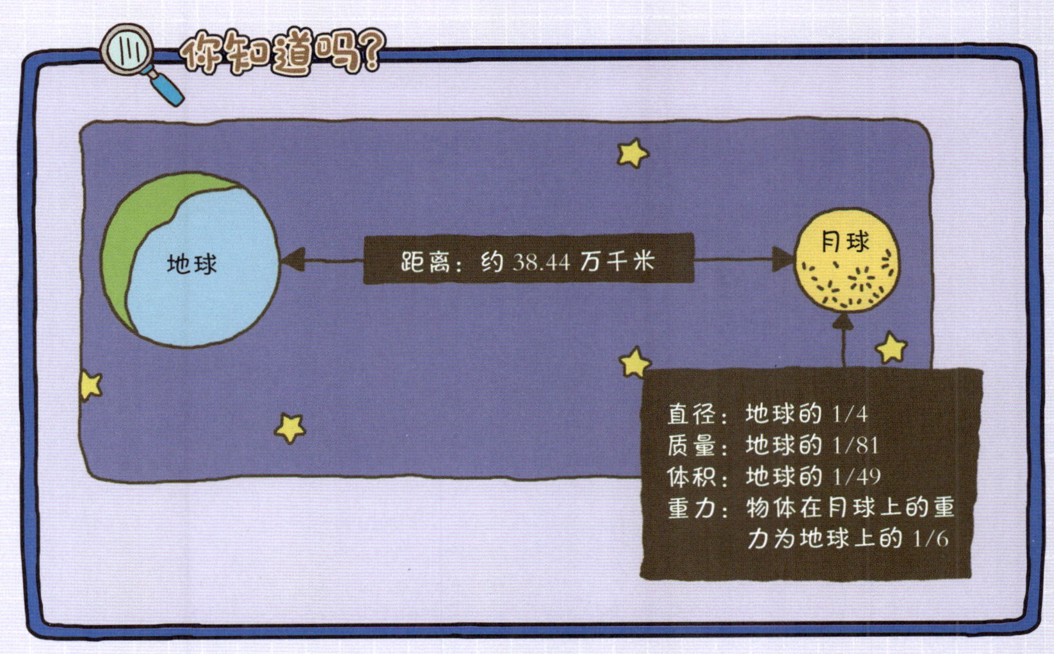

什么是阴历呢

按照月相圆缺变化的周期制定的历法。

月球相继两次具有相同月相所经历的时间为29天12小时。阴历每个月为29天或30天，对应阴历的日期，月相会周期性地发生变化。阴历初一是新月，阴历初七和初八是上弦月，阴历十五日和十六日是满月，阴历二十二日和二十三日是下弦月。

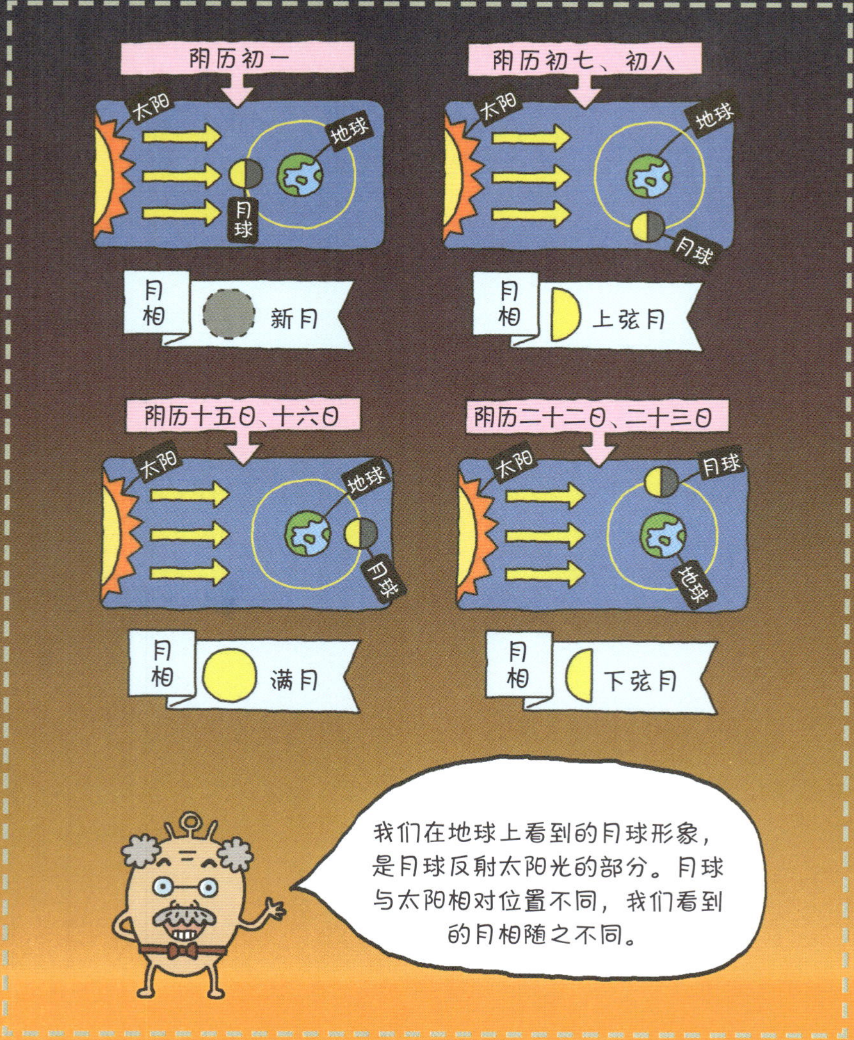

阴历初一
太阳 地球 月球
月相 新月

阴历初七、初八
太阳 地球 月球
月相 上弦月

阴历十五日、十六日
太阳 地球 月球
月相 满月

阴历二十二日、二十三日
太阳 月球 地球
月相 下弦月

我们在地球上看到的月球形象，是月球反射太阳光的部分。月球与太阳相对位置不同，我们看到的月相随之不同。

哎呀，月亮被吃掉了

别担心，这是月球被地球的影子遮住后产生的月食现象。

太阳光照射地球，地球的另一侧就会产生影子。地球的本影中，月球被完全挡住就是月全食，一部分被挡住就是月偏食。月球进入地球的半影，就会产生半影月食。

但并不是说，只要地球在月球和太阳之间，就会发生月食。地球公转轨道和月球公转轨道大约呈5°夹角，因此只有在太阳、地球和月球处于一条直线时，才会发生月食。

月球

月偏食

月全食

半影月食

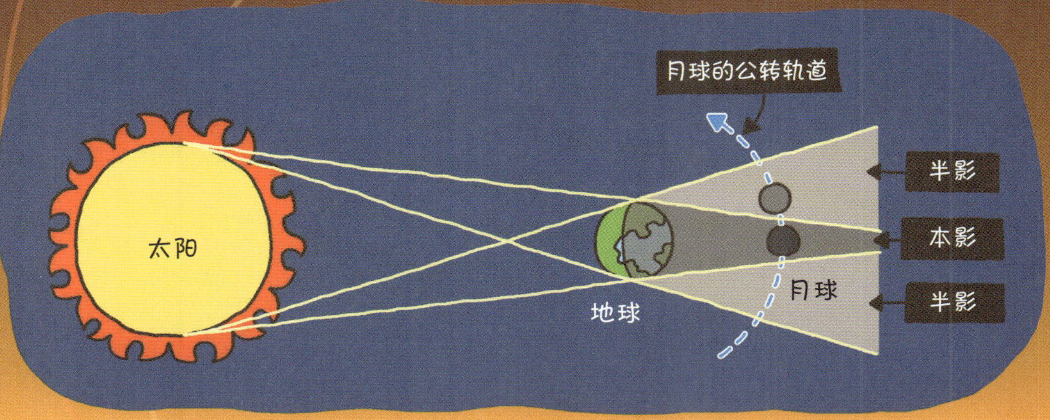

月球的公转轨道

半影

本影

半影

太阳

地球

月球

怎么太阳也被吃掉了

原来是太阳光被月球遮挡后产生了日食现象。

太阳光直射时，会在地球上产生月球的影子，这时会出现月球的本影和半影。在月球的本影中，可以观测到太阳光被完全遮住的日全食。在月球的半影中，可以观测到太阳光被部分挡住的日偏食。

虽然月球经常会运行到地球和太阳之间，但这并不意味着总会有日食发生。地球的公转轨道和月球的公转轨道大约呈5°的夹角，因此只有在太阳、月球和地球处在一条直线时，才会发生日食。

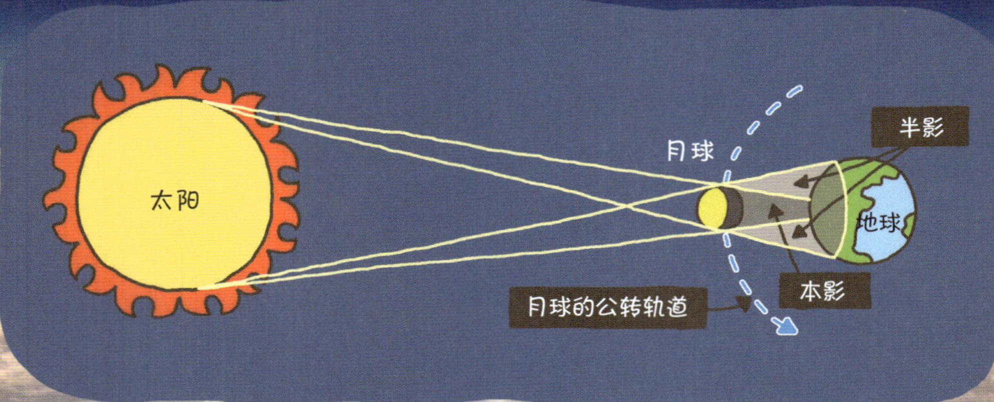

潮起又潮落，一日复一日

天体引力导致海面高低变化的现象。

涨潮时，海水涌向海岸，水面升高；退潮时，海水退回大海，水面降低。涨潮后，海水水面上升到最高位置时，就叫满潮（高潮）；退潮后，海水水面下降到最低位置时，就叫干潮（低潮）。

满潮现象会同时发生在地球离月球最近的海面，以及离月球最远的海面。满潮和干潮时，海水水面的高度差叫作潮差。一个满潮到下一个满潮，一个干潮到下一个干潮之间的间隔时间，就叫作潮汐周期，时长约为12小时25分。

看，流星！赶快许个愿吧

这是小天体进入地球大气层时产生的光迹哦。

从彗星、小行星上掉下来的尘埃等会被地球引力吸引，进入地球大气层，与大气摩擦而燃烧发光。

大部分的流星在经过大气层时就会燃烧殆尽，少部分会坠落在地面。较大的流星因没有燃尽而掉落到地面，就被称为陨石。

流星

彗星的尾巴由什么组成

彗星是绕日运动的天体，彗尾主要由气体和尘埃组成。

彗星的中心部分为彗核，由尘埃和冰物质组成。彗星向太阳靠近时，受到太阳的热量影响，彗核表面开始蒸发，气体和尘埃变成彗发，像云一样围绕在彗核周围。彗发中的尘埃飘散到宇宙中，成为彗尾。彗星的尾巴是在太阳的辐射压和太阳风作用下形成的，背离太阳的方向。

以前，人们以为彗星是在地球大气层中形成的。16世纪，第谷指出彗星是一种天体。18世纪初，哈雷证明了彗星位于太阳系且按照一定周期和轨道运动。

哈雷彗星

天外来客坠落地球

陨石是进入大气层后未燃尽而坠落地面的天体碎片。

陨石大部分来自火星和木星之间的小行星带。脱离轨道的小行星，一部分向地球运动，通常因与地球大气层摩擦而燃毁。其中极少数未燃尽而坠落地球的残体，就是陨石。利用陨石可以研究太阳系的组成物质。

陨石坠落的地方会产生很深的陨石坑，美国亚利桑那州的迪亚布洛峡谷有一个巨大的陨石坑，直径一千多米，深一百多米，据推测这个陨石坑形成于几万年前。

在美国发现的最大的陨石：威拉米特陨石

美国亚利桑那州的陨石坑

知识拓展 **为什么南极地区有很多陨石？**

第一，由于南极地区被冰雪覆盖，陨石坠落后不容易损毁，可一定程度上保持原貌。第二，黑色的陨石在白色的冰雪环境中，非常容易被人发现。第三，南极地表岩石不多，因此陨石被误认为岩石的可能性很小。

恒星相互吸引在一起

恒星数超过 10 颗的星群就是星团。

根据恒星聚集形态的不同，可以将星团分为疏散星团和球状星团。

疏散星团由十几颗到几千颗恒星组成，结构松散，由于主要分布在银道面，所以也被称为银河星团。球状星团由上万颗恒星组成，中心密集。

球状星团

上万颗恒星紧密聚集在一起，整体形状类似球形。主要由100亿年以上历史的老年恒星组成，成员星多为温度较低的红色恒星。

疏散星团

由十几颗到几千颗恒星组成，分布较为松散。主要由年轻恒星组成，成员星多为温度较高的蓝色恒星。

什么是星系

星系是由恒星和星际物质组成的天体系统。

群星汇聚成星团，星团构成星系。数十个星系聚集形成星系群，数百到数千个星系聚集形成星系团，星系团聚集形成超星系团，宇宙中有上千亿个星系。

根据形状来划分，星系可分为棒旋星系、旋涡星系、椭圆星系、透镜星系和不规则星系。

太阳系是银河系的一部分。从地球上看银河系的中心地带，可以看到众多的星体聚在一起，形状像一条河，所以被称为银河。太阳系距银河系中心约2.6万光年。离银河系最近的星系是仙女座星系，距离地球约220万光年。

知识拓展 不同形状的星系

棒旋星系
（银河系）

旋涡星系
（仙女座星系）

椭圆星系
（M87）

透镜星系
（NGC 3115）

不规则星系
（NGC 4449）

星云是由星星组成的“云”吗

星云是由水蒸气、氦气等气体和尘埃组成的云状天体。

宇宙空间里的气体和尘埃主要存在于星体之间，被称为星际物质。这种星际物质大规模地聚集在一起，就组成了星云。星云中的物质可用于形成新的星体。

发射星云

因为反射了附近恒星的光，所以我看起来是亮的。

反射星云

暗星云

星星的亮度有等级之分吗

根据肉眼所见的星体亮度来划分的等级就是视星等。

视星等是人类在地球上所见的星体的亮度等级，并不考虑距离星体的远近，所以视星等也叫目视星等。

公元前2世纪，古希腊天文学家喜帕恰斯根据星体的亮度，把星体分为6个等级，一等星是肉眼看到的最亮的星体，六等星为勉强能看到的星体。相邻等级亮度差2.5倍左右。随着望远镜的发明，人们发现了比一等星更亮的星体和比六等星更暗的星体，因此延展出负一等星、零等星、七等星、八等星等。

而绝对星等是假定把恒星放在距地球32.6光年的地方测得的亮度，这才是星体的实际亮度。

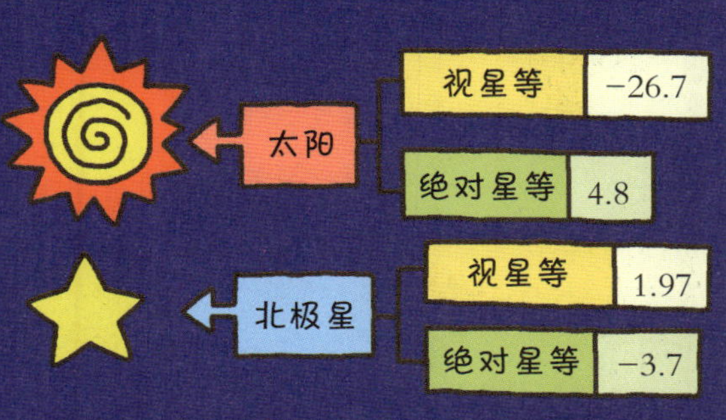

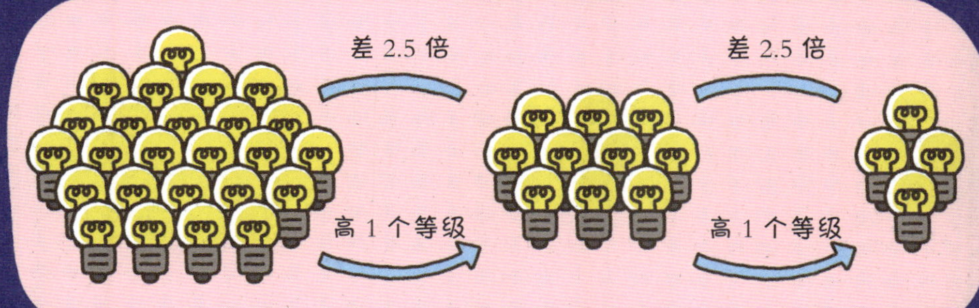

天球是什么

天球是以天体观测者为中心的假想球体。

你在观察天空时，可以注意感受一下：是不是觉得似乎有一个以观测者为中心的巨大球体，所有的天体都依附在这个球体的内壁上？人类曾认为天球是实际存在的，但事实并不是这样。不过，为了能够更加方便地研究天体的方向和运动，直至现在，人们依然在使用天球这个概念。

将地球的两极连线延长，延长线与天球会合的交点就叫作天球的两极。将地球的赤道面扩大之后形成的圆，就叫作天球的赤道。观测者的头顶上方叫作天顶，相反的方向就叫作天底。

知识拓展

这里介绍的是地心天球，其实根据所选取的天球中心的不同，还有日心天球。那么天球到底有多大呢？天球的半径可以是任意大小，也就是数学上的无穷大。

由于地球是自西向东旋转，所以我们看到的天球上的天体都是自东向西旋转。

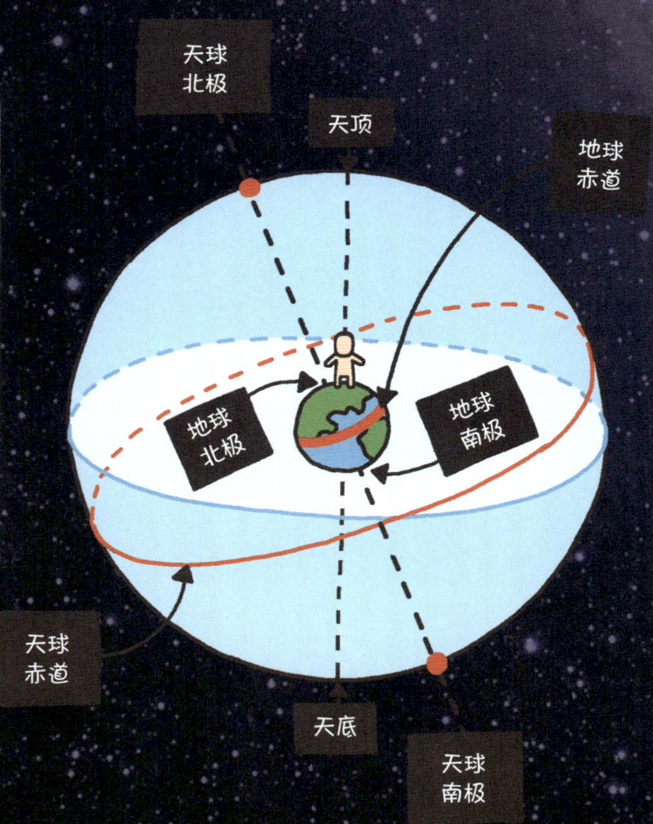

我是双鱼座宝宝，你呢

星座就是天球上投影位置相近的恒星组合。

人们用动物、物品或神话人物给星座命名。借助星座，我们能更容易地在夜空中找到某个恒星，还可以通过星座的位置来辨别方向。

在以前，每个国家使用的星座都不一样，直到1928年，国际天文学联合会统一规定了88个星座。由于地球绕太阳公转，所以我们每个季节看到的星座都不相同。

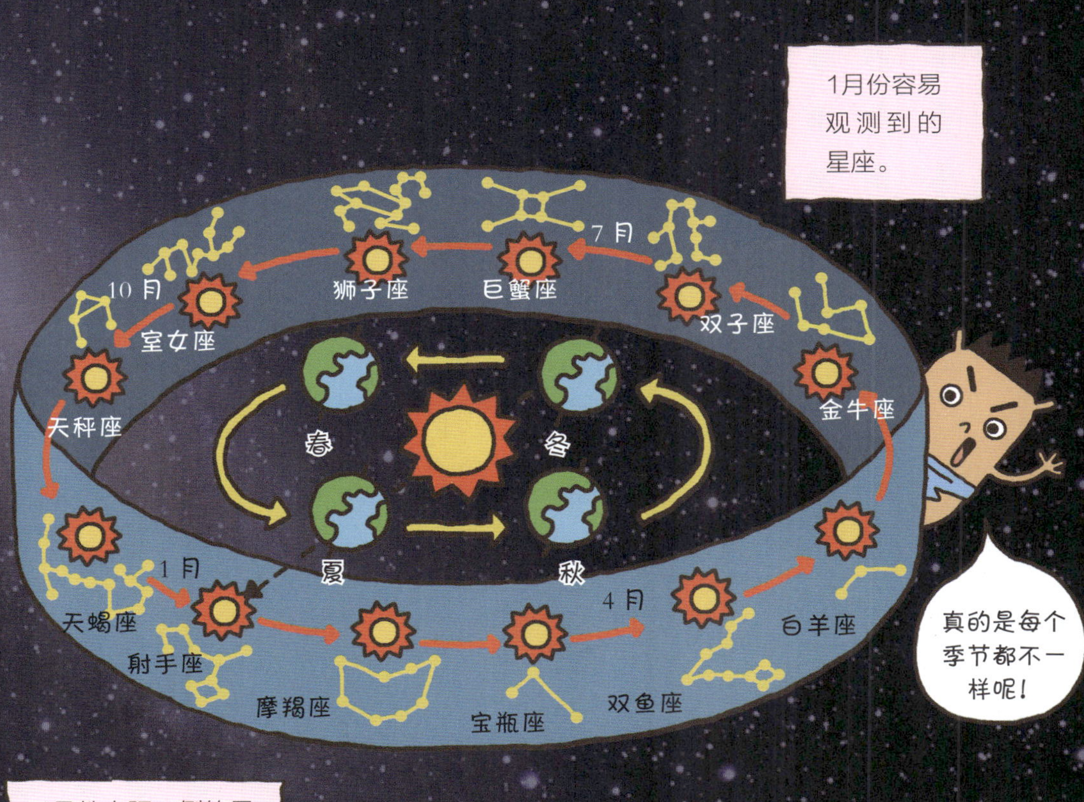

1月份太阳一侧的星座（生日星座）。

人造卫星为什么要绕地球旋转

人造航天器有很多用途哦。

根据用途，可以将人造卫星分为通信卫星、广播卫星、气象卫星、科学卫星、军事卫星等。1957年，苏联发射了世界上第一颗人造卫星——斯普特尼克1号（Sputnik-1）。人造卫星的运行轨道通常有近地轨道、地球同步轨道、太阳同步轨道和极地轨道。

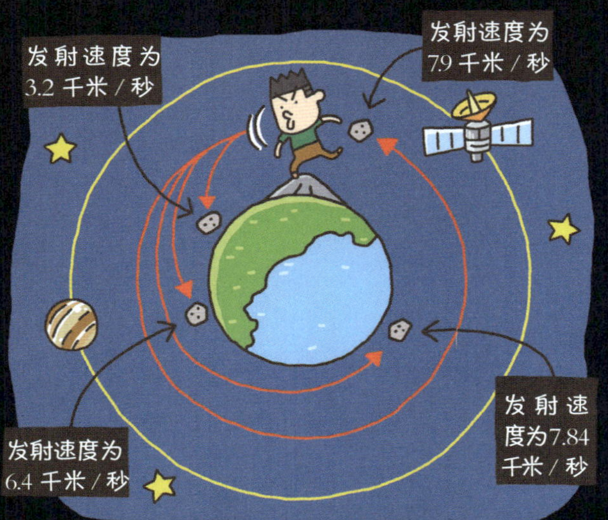

知识拓展 人造卫星的飞行原理

我们在高处扔石头，石头很快就会落到地面。如果我们加快抛出的速度，石头就会飞得更远。如果达到一定速度（7.9～11.2千米/秒），石头就不会掉在地面，而是围绕地球旋转。这就是人造卫星的飞行原理。其中运行周期为24小时的卫星被称为“同步卫星”。

人造卫星

什么是全球定位系统（GPS）

这是利用人造卫星获取自身位置的设备。

通过计算人造卫星到全球定位系统的距离，就可以知道自身所处的位置。由于使用更多的人造卫星可以减少误差，所以需要分别测定纬度、经度、高度的3颗人造卫星和纠正误差的人造卫星。

全球定位系统最初用于航空领域，后来扩展到船舶、汽车领域。近些年，随着汽车导航和智能手机的普及，个人也可以自由使用全球定位系统。

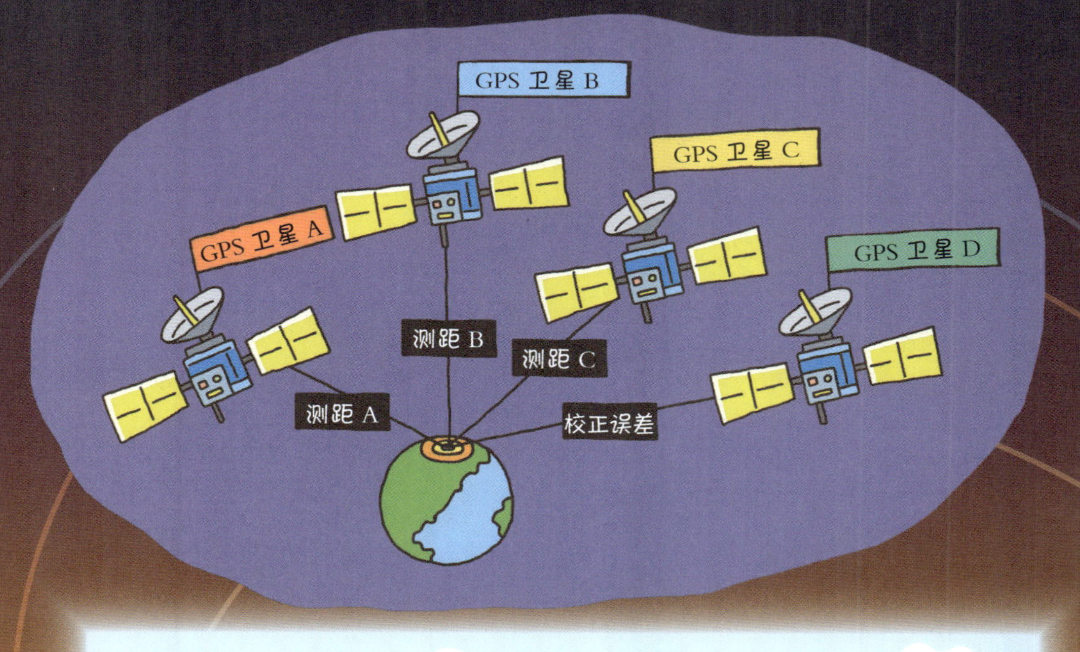

宇航员在宇宙空间站中做什么

宇宙空间站是宇宙中供人居住、做实验、进行观测的航天器。

将空间站送入环绕地球的轨道，其发射过程和发射人造卫星一样。太空站与其他航天器不同，没有发动机和着陆装置，需要由其他航天器向空间站运送人和物品。

宇航员和科学家会在空间站进行微重力实验、生命科学实验、宇宙科学实验。

人类建立宇宙空间站，主要目的是为了探索宇宙的更远方。

国际空间站（ISS）

知识拓展　宇宙空间站的历史

人类历史上的第一个空间站是苏联于1971年发射的“礼炮1号”。此后，美国于1973年发射了“天空实验室”。截止到2014年，处于地球轨道上的空间站有2个：一个是由美国、苏联（俄罗斯）、加拿大、日本、巴西及欧洲八国等16个国家共同参加的国际空间站（ISS，1998年发射），另一个是中国的天宫1号（2011年发射）。

宇航员为什么要穿航天服

它可以保障宇航员的生命，能让宇航员在太空进行工作。

航天服分为舱内用应急航天服和舱外用航天服。太空中不仅没有空气，温度变化大，而且强烈的太阳辐射和微流尘等都会危害宇航员的生命安全。

人类如果想在太空中活动，就要穿航天服。航天服能提供空气，耐受外部的极端温度变化，还可以切断来自太阳的有害电磁波。头盔内有通信设备，航天服上也装有各种生存保障设备。

舱外航天服能耐受正负100 ℃的温度变化，可供宇航员在舱外活动4个小时。

知识拓展　如果人不穿航天服就进入太空，会发生什么？

人体已经适应了地球上的1个标准大气压。如果进入处于真空状态的宇宙，外部压力非常小，血液的沸点会降低，这会导致血液沸腾。宇宙中没有空气，人类无法呼吸。在太空的低温环境下，会全身冻僵。但在此之前，由于人身体内部的压力更大，体内的脏器会从身体的薄弱部位膨胀突出而导致死亡。

二十四节气是怎么划分出来的

将太阳一年的运行轨道以15°为间隔，分为二十四节气。

我国古代发明了节气，把一年分为二十四等份，每一等份就是一个节气。由于地球绕太阳一圈需要365天，所以每隔15天左右，就有一个节气。从汉朝起，二十四节气就被纳入我国历法，用来指导农业劳作。

季节	月份（阴历）	节气	日期（阳历）	特点
春	正月	立春	2月4日左右	进入春天（但此时很多地方温度较低，所以有“春捂”的说法）
		雨水	2月19日左右	气温明显上升，草木发芽
	二月	惊蛰	3月6日左右	动物从冬眠中醒来
		春分	3月21日左右	昼夜平分
	三月	清明	4月5日左右	气清景明，准备春耕
		谷雨	4月20日左右	降水增加，谷物茁壮生长
夏	四月	立夏	5月5日左右	进入夏天（但此时只有低纬度地区才真正进入夏季）
		小满	5月21日左右	正式进入夏天，夏收农作物还未完全成熟
	五月	芒种	6月6日左右	大小麦成熟，播种玉米、晚稻
		夏至	6月22日左右	昼长最长，夜长最短
	六月	小暑	7月7日左右	天气逐渐炎热
		大暑	7月23日左右	最热的时节
秋	七月	立秋	8月7日左右	进入秋天（但天气依旧炎热）
		处暑	8月23日左右	炎热逐渐散去
	八月	白露	9月8日左右	昼夜温差大，略感寒意
		秋分	9月23日左右	昼夜平分
	九月	寒露	10月8日左右	露水变凉，略感秋意
		霜降	10月24日左右	开始降霜
冬	十月	立冬	11月7日左右	进入冬天，日照时间更短
		小雪	11月22日左右	开始结冰
	冬月	大雪	12月7日左右	降雪不易融化
		冬至	12月22日左右	夜长最长，昼长最短
	腊月	小寒	1月6日左右	天寒地冻
		大寒	1月20日左右	最冷的时节

2 地质与地貌

地球上的大陆在漂移吗

过去连在一起的大陆逐步解体，形成现在的大陆分布。

大陆漂移说认为，地球上的所有大陆在2亿年以前是一块巨大的陆地，称为泛大陆或盘古大陆。泛大陆在中生代时期开始分裂漂移，逐渐形成今天大陆板块的样子，并到达现在的位置。

大陆移动的证据有：海岸线吻合，不同的大陆有相似的古生物化石和地质构造，在南半球和赤道附近发现冰川痕迹等。

德国科学家魏格纳于1912年提出大陆漂移假说，但由于无法说明大陆移动的力量，而一直被忽视。当人们发现地幔对流拖动大陆移动后，大陆漂移说发展成为板块构造学说。

知识拓展　魏格纳

魏格纳（1880—1930）是德国科学家。有一天，他生病卧床，看到墙面上的世界地图，他发现大西洋两岸的大陆轮廓凹凸部分竟然非常吻合。于是他做出大胆的猜测，认为大陆是可以漂移的，提出了“大陆漂移说”，并为此前往北极地区的格陵兰岛考察。此后他在50岁生日时不幸遇难。

海岸线吻合

南美洲大陆和非洲大陆的海岸线是相互吻合的，北美洲东部和非洲西北部海岸线、欧洲西部海岸线也是吻合的。

相似的古生物化石分布

在不同的大陆发现了同种中龙类和舌羊齿化石。如果过去的大陆像现在一样分离，则不可能出现相似的古生物化石分布。

冰川的痕迹

在南半球和赤道的部分大陆发现了冰川的痕迹，说明这些大陆曾经是连在一起的。

地质构造相同

两个大陆海岸线的沉积结构是相同的。这证明了地质结构的连续性，也表明这两块大陆过去是连在一起的。

大陆漂移说的证据

地球表层由板块拼合而成

地壳并不是完整的一块，而是由大大小小的多个板块组成的。

地球的板块是由坚硬的岩石组成的，包括地壳和一部分上层地幔，厚度约为100千米。板块下方是软流层，一部分上层地幔熔化之后发生流动就形成了软流层。软流层上方的板块随着地幔的对流而运动。

因为不同板块的运动速度各不相同，所以板块与板块之间会发生碰撞或互相远离。尽管板块一年只移动几厘米，但经过数亿年，大陆的位置和样貌就会发生巨大的改变。

知识拓展　喜马拉雅山脉的形成

在板块的交界处，板块发生张裂，可能会形成裂谷或海洋；如果板块发生碰撞，陆地上可能会形成山脉。喜马拉雅山脉就分布在印度洋板块和亚欧板块碰撞挤压的地带。

地幔是液体吗

地幔位于地球内部圈层，会缓慢流动。

地幔位于地球地壳之下，厚度2800多千米，主要由含有铁、镁的矿物组成。上地幔的温度为500～1000 ℃，下地幔的温度为3000～5000 ℃。

地幔的上层经过漫长的岁月演变，会缓慢地流动。由于地幔流动时，浮在地幔上方的地壳也在移动，因此有人认为地幔的对流运动是导致大陆移动的根本原因。

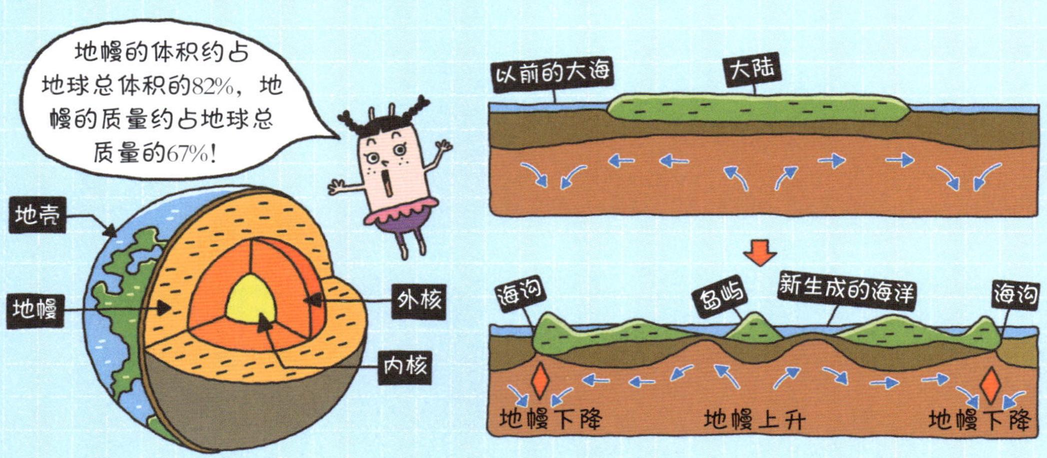

常见误区 **地幔是液体吗？**

最初研究表明地幔发生对流，很多人都表示怀疑，认为地幔呈固态，怎么可能会流动？但是随着海底考察活动的不断进行，人们找到了一些地幔对流的证据。

根据对海底地形地貌的观测发现，地幔以每年数厘米的速度缓慢移动。这时候的地幔是以固态的形式对流。在温度较高的地方，地幔向上运动。在温度较低的地方，地幔向下运动。

地幔上升的地方，地壳会向两侧移开，形成海岭。岩浆会从海岭中间的缝隙中涌出，形成新的海底地壳。新形成的地壳会微微向两侧移动，在海沟处向下延伸。

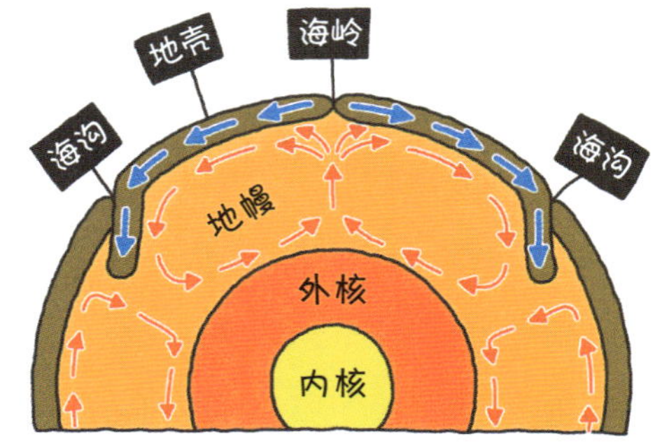

为什么会发生地震

地壳板块挤压碰撞，造成板块边沿或内部产生错动和破裂。

地壳板块之间相互挤压，造成板块错动和破裂。地球内部直接发生破裂的地方叫作震源，震源正上方的地面区域叫作震中。

地震的大小用震级来表示，震级越大，说明地震的强度越大。里氏震级是表示地震规模大小的标度，以发生地震时产生的水平位移作为判断标准。里氏震级共分为9个等级，震级的数字越大，地震越强。直到20世纪，人类才能准确测量地震的震级，其中最大震级为里氏9.5级，发生于1960年的智利。

震级	名称	影响	震级	名称	影响
0	 —	能被地震仪记录，但人类几乎没有感觉	4	中震	 建筑物大幅度摇晃，物品掉落，破坏范围可达方圆160千米
1	微震	 敏感的人能够感觉到，但不会对建筑造成破坏	5	中强震	 难以平稳站立，墙壁开裂，造成大范围的严重破坏
2	弱震	 大多数人能感觉到震动，可以看到物体在轻微晃动	6	强震	 地面裂开，发生山体滑坡，无法正常行走，破坏范围可达方圆数百千米
3	有感地震	 建筑物开始摇晃，不牢固的建筑倒塌，破坏程度有限	7	大地震	 方圆数千千米的区域都遭到严重破坏

地震震级和破坏程度

地震仪的工作原理是什么

利用惯性的原理来记录地震发生时的地震波。

地震仪利用了惯性的原理。在一个重物下悬挂一个类似笔的可以记录的装置，发生地震时，重物会因为惯性而保持不动，只有白纸会移动。因此“笔”会随着地震的摇晃幅度，在白纸上画出折线。使用水平方向和垂直方向的地震仪，就可以全方位地掌握地震波数据。

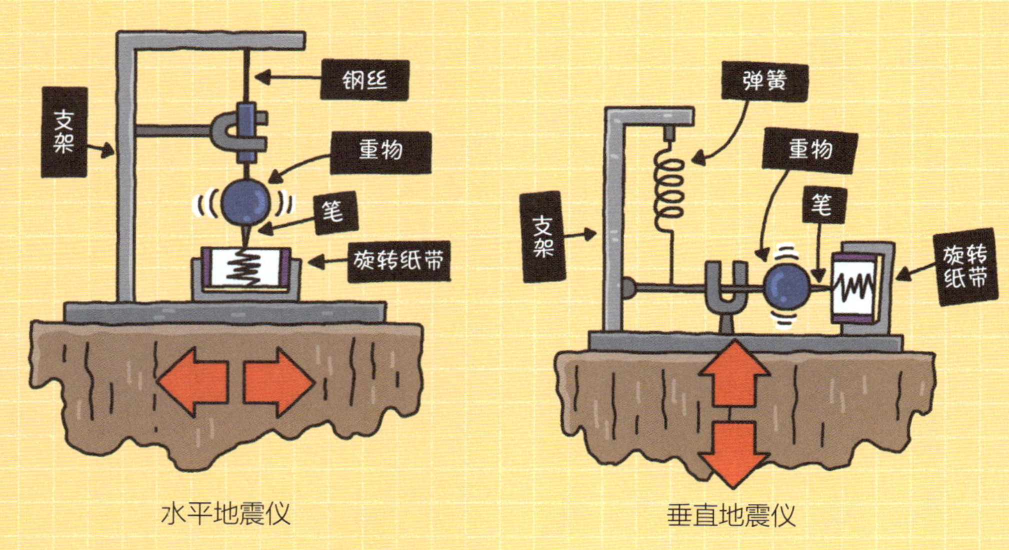

水平地震仪　　垂直地震仪

知识拓展　地震带和火山带

地震发生频繁的地区就叫作地震带。地震带位于地球板块与板块的边界处，呈细长的带状。板块相互靠近或相互远离时，内部积聚的能量就会释放出来，进而导致地震的发生。代表性的地震带有环太平洋地震带、欧亚地震带等。

火山带指火山喷发频繁的地区，地震带与火山带的位置基本一致。

地震波分为纵波和横波

地震波是地震产生的震动向周围辐射的波。

如果向平静的水面扔石子，就会出现涟漪，水波会向周围传递。地震也是一样，地球内部产生的冲击会导致地层晃动，也就是出现了震动。这种震动以波动的形式向周围传递，这就是地震波。地震波可以分为纵波（P波）和横波（S波），这两种地震波在震源会同时发生。

地震波	传递速度	振幅	可以通过的物质	破坏
纵波（P波）	较快 5.5～7千米/秒	较小	固体、液体、气体	比横波（S波）小
横波（S波）	较慢 3.2～4千米/秒	较大	固体	比纵波（P波）大

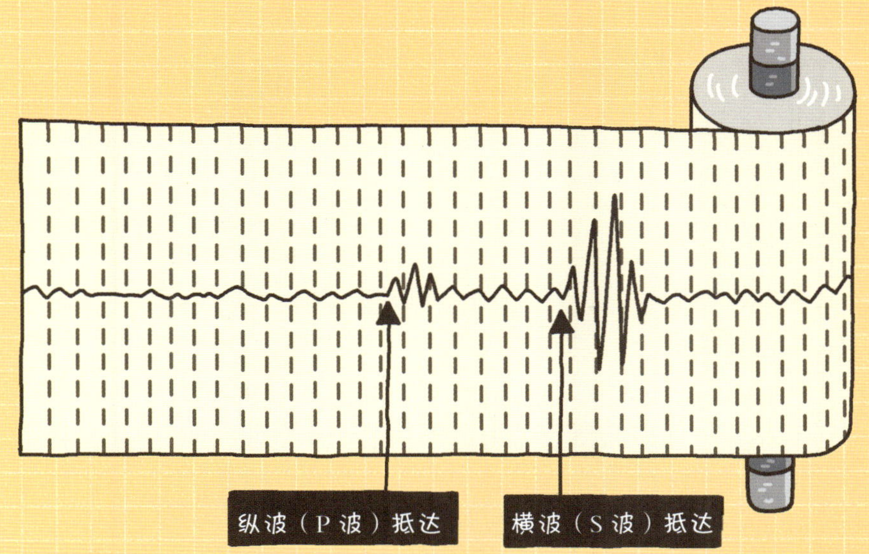

P波和S波同时从震源产生，但由于P波的传递速度比S波快，所以地震仪一般都会先记录到P波。

地震仪记录的地震波

来看看建筑物中的抗震设计

抗震设计的目的是减少地震发生时造成的损失。

如果建筑物不牢固，地震发生时，脆弱的楼体会发生晃动，甚至倒塌。抗震设计的目的在于尽可能减少地震发生时造成的损失，或者预防建筑自身不稳固而带来的损失。

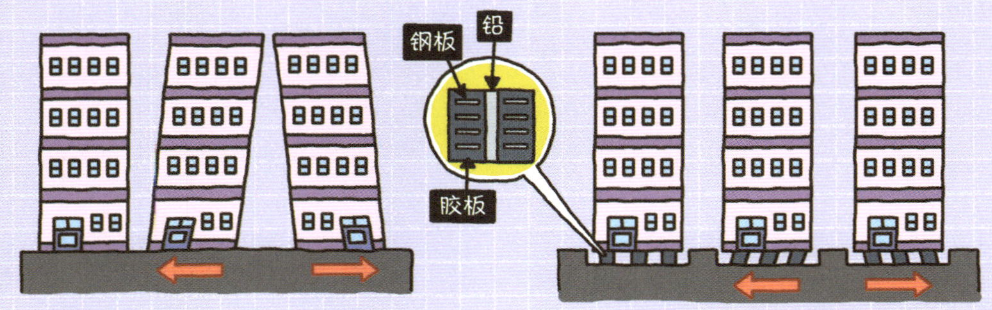

用柱子或墙加固建筑：即使建筑倾斜也不会倒塌。

垫高建筑：地震时，建筑不会倾斜，会左右平移。

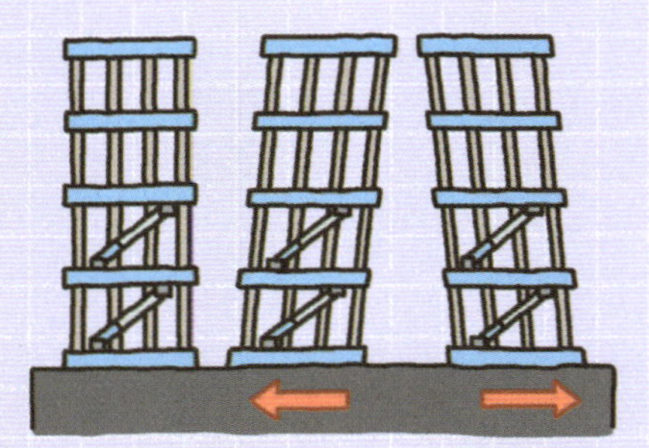

设置吸收层间冲击的装置：建筑倾斜时，装置变长。

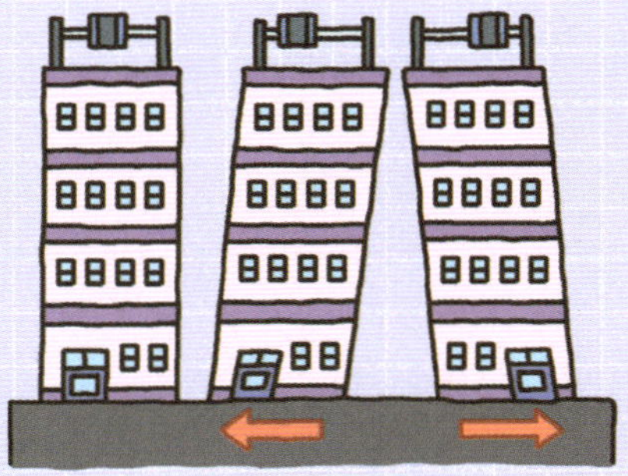

在建筑上方放置重力装置：装置会随着建筑倾斜而移动，从而稳定重心。

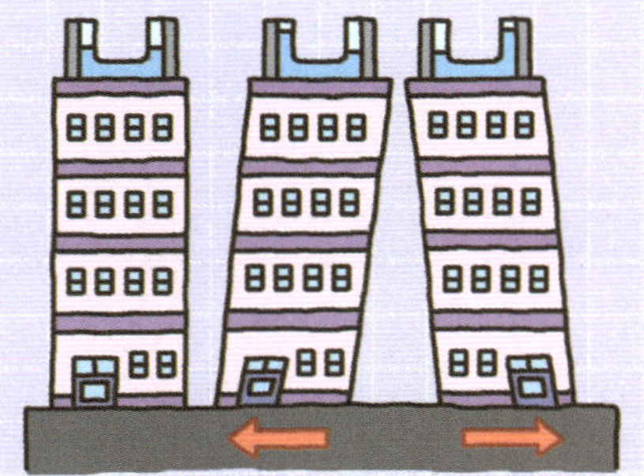

在建筑上方放置装有水的U形管：建筑倾斜时，水在管中移动，能够调整重心。

火山是怎么形成的

火山是地底深处产生的岩浆通过地壳的缝隙喷出地面形成的。

知识拓展 火山给我们带来的危害和好处

坐上直升机去火山口看一看

火山口是火山喷出物堆积形成的环形坑。

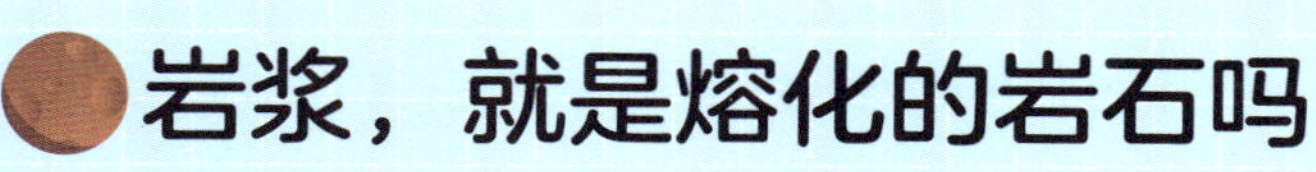

岩浆，就是熔化的岩石吗

岩浆是地下岩石受热熔融形成的熔浆。

岩浆在地球内部50～200千米处形成，比周围岩石更轻，因此能缓慢向上运动。在10～20千米深处形成岩浆库，当周围压力失衡时，岩浆侵入上升，有时会喷出地表。岩浆喷出地表后，形成熔岩。

岩浆的主要成分是硅酸盐矿物，岩浆的黏度与温度取决于硅酸盐的多少：含硅酸盐矿物较多的流纹岩岩浆黏度大，含硅酸盐矿物少的玄武岩岩浆黏度小。

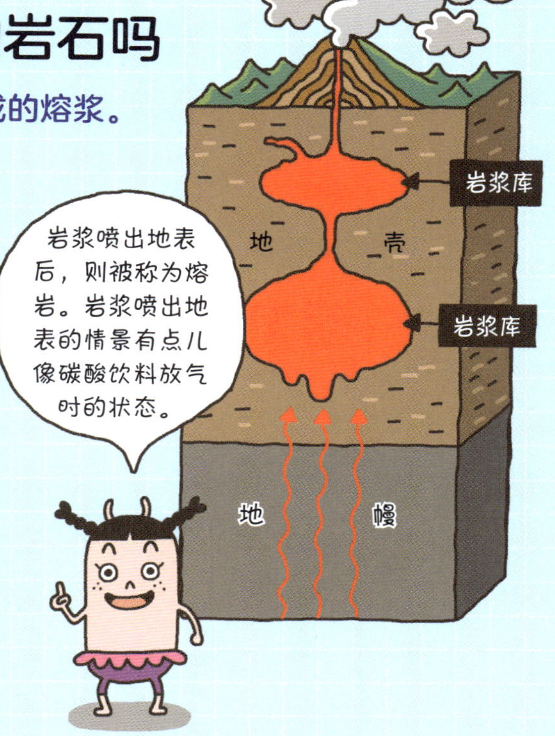

岩浆 VS 熔岩

熔岩就是喷出地表的岩浆。

岩浆的温度为700～1200 ℃，岩浆由于温度和成分的不同，黏度也有所不同。色泽较暗的玄武岩岩浆黏度小，易于流动，所以形成的火山坡度较缓。色泽较亮的流纹岩岩浆由于黏度较大，不易流动，所以形成的火山坡度较陡。

岩浆和熔岩

汉拿山

山房山

什么是地质时期

地球历史上自有岩层记录以来的时期。

地球形成于约46亿年前，地壳形成于约38亿年前。根据地球发生的大规模地壳运动和存在于不同地层中的生物化石，可以推测出生物发展的变化，进而将地球的历史分为以下几个时期。

太古代

太古代是地质发展史中最古老的时期，是地球演化史中具有明确地质记录的最初阶段。

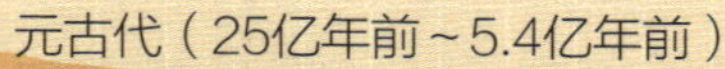

元古代（25亿年前～5.4亿年前）

出现了原始生物，如单细胞生物。当时没有大气层阻挡来自太阳的紫外线，生物都生存在海洋中。

古生代（5.4亿年前～2.5亿年前）

地球气候变暖，生物的数量出现了爆发式增长。海洋中第一次出现了脊椎动物——鱼类。三叶虫等节肢动物开始大量出现，第一次出现了两栖动物，陆地上生存着大量的蕨类植物。

中生代（2.5亿年前～6600万年前）

恐龙等爬行动物开始活跃，海洋中有大量属于贝类的菊石，松树、银杏树等裸子植物发达，中生代末期出现了被子植物。

新生代（6600万年前～现在）

地球上的生物，陆地和海洋的分布，都逐渐变得与现代相同。恐龙灭绝，哺乳动物和鸟类发达。植物中被子植物开始增多，人类也出现于这个时期。

化石是怎样形成的

化石是指留存在地层中的古生物遗体、遗物或遗迹。

化石可分为实体化石、模铸化石、遗迹化石和化学化石等。实体化石的形成需要满足几个条件：生物个体的数量必须很多，生物体中要包含骨头或外壳等较硬的部分，生物体的遗骸要在腐烂之前被沉积物快速掩埋。下图为模铸化石中的核化石的形成过程。

生物的尸体沉入海底，被沉积物掩埋。

被掩埋的生物遗骸逐渐溶解消失。

遗骸消失后空出的位置被沉积物填满。

沉积物开始变硬。

地层受到大力挤压，向上隆起。

地层发生侵蚀，化石露出地面。

知识拓展 标准化石和指相化石

标准化石是指生物的生存时间较短但分布较广，并比较容易发现的化石，它们在人类推测地层形成时期起到很重要的作用。

指相化石可以让人们推断出地层形成时的环境条件，珊瑚和蕨类化石就是代表性的指相化石。

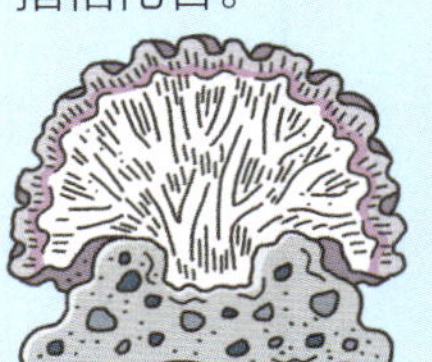

珊瑚化石一般发现于海水清澈且温暖的海洋浅水区。

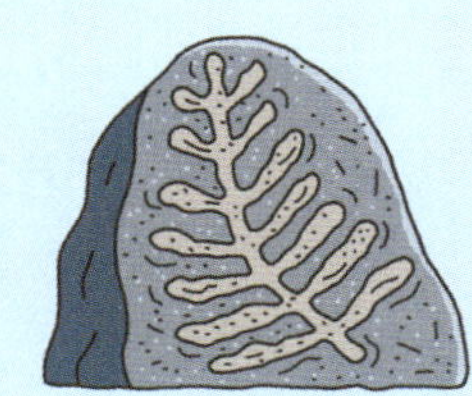

蕨类化石一般发现于温暖湿润的沼泽地带。

地质时期	标准化石	
古生代	三叶虫	纺锤虫
中生代	菊石	恐龙
新生代	有孔虫	猛犸象

煤炭和石油也是化石

古动植物遗骸经过一系列复杂变化后形成了煤炭、石油等燃料。

煤炭来源于被掩埋在地下的古生代蕨类植物，石油和天然气也是由古生物的遗骸逐渐变化形成的。

现在我们使用的燃料中，化石燃料占比超过了85%。化石燃料的产量是有限的，总有一天会全部消耗殆尽。

石油、天然气的形成过程

煤炭的形成过程

什么是硅化木

埋在地下的树木被地下矿物替换而成的木化石。

硅化木保留了木头原来的形状及年轮等结构。

构成树木细胞的成分被矿物替换并填满，因此可以在显微镜下观察树木的细胞组织。

硅化木的横截面

地球上的矿物有多少种

矿物是组成岩石的固体物质。

矿物主要由氧、硅、铝、铁、钙、钠、钾、镁等元素组成，它们被称为构成地壳的八大元素，地球上的天然矿物有3000多种。

矿物聚集在一起，就形成了岩石。组成岩石的矿物被称为造岩矿物，有石英、长石、黑云母、角闪石、辉石、橄榄石等。石英、长石呈浅色，黑云母、角闪石、辉石、橄榄石呈深色。

石英　长石　黑云母

角闪石　辉石　橄榄石

岩石，岩石，变变变

岩石形成后会随着周围环境而不断变化。

根据生成过程的不同，岩石一般可分为岩浆岩（也叫火成岩）、沉积岩和变质岩。

岩浆岩由火山活动产生。沉积岩由淤泥或沙砾等沉积物堆积而成。变质岩是沉积岩或岩浆岩在一定温度和压力下发生变化而形成的。

岩石形成后会随着周围环境而不断变化，这就是岩石的循环。

知识拓展　地壳、岩石、矿物之间的关系

地球最外面的一层为地壳，地壳由坚硬的岩石组成。仔细观察我们周围所见的岩石，它们由不同形状和颜色的各种颗粒组成，这些颗粒被称为矿物。

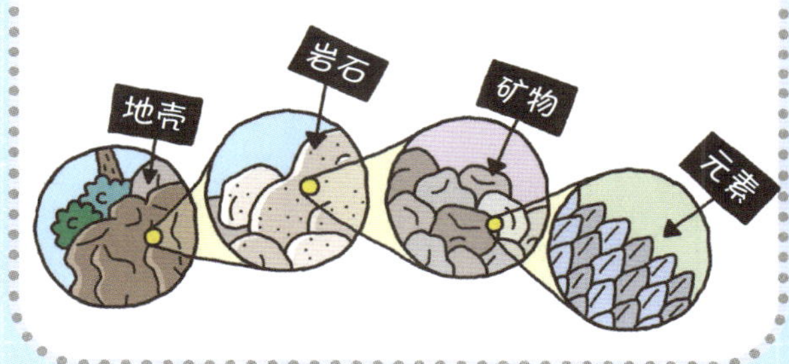

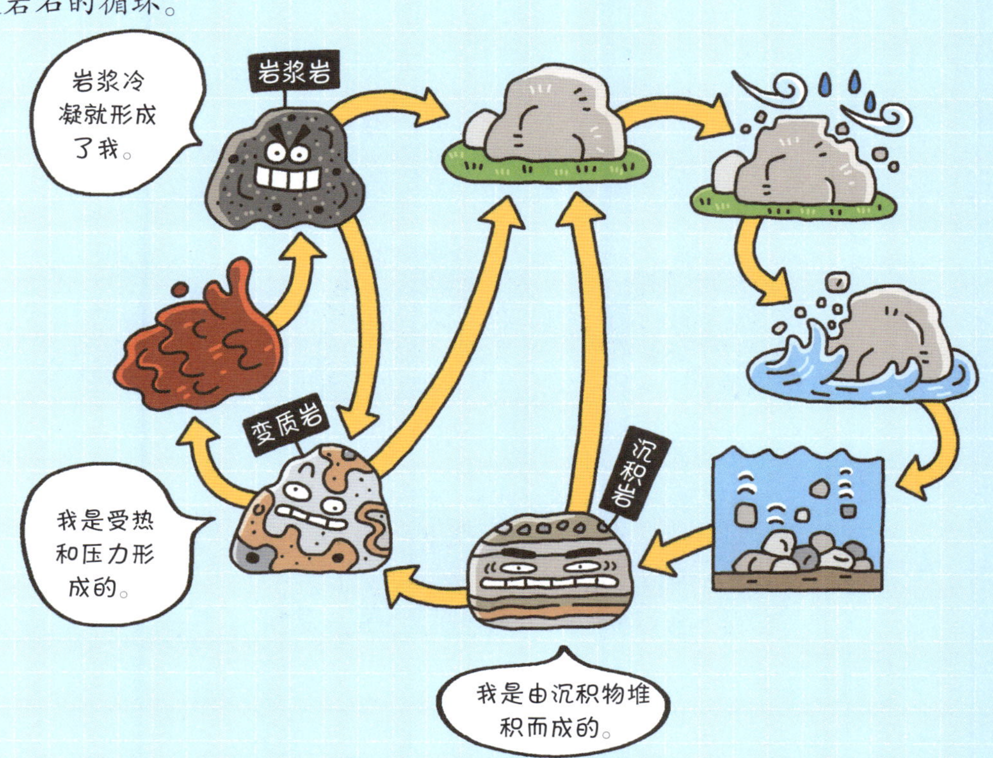

小心，火成岩来啦

岩浆冷却后形成的岩石。

岩浆中含有多种熔化的物质，这些物质冷却凝固后就变成矿物，矿物凝聚在一起就形成了火成岩。

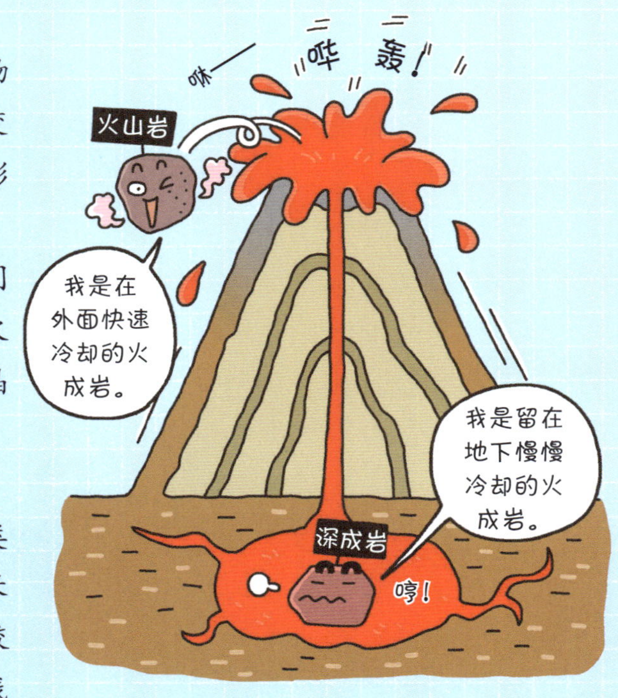

根据火成岩凝固所需时间的长短，可以分为深成岩和火山岩。深成岩冷却速度慢，晶体较大；火山岩冷却速度快，晶体较小。

火成岩所含的矿物种类不同，其亮度也有所不同。长石或石英石等火成岩的颜色较浅，是因为其中含有较多的浅色矿物；黑云母或辉石等火成岩的颜色较深，是因为其中含有较多的深色矿物。

坚硬的沉积岩

沙石等堆积固化而成的岩石。

岩石（火成岩、变质岩、沉积岩）长时间暴露在空气中，经过生物、雨、雪、风、海水、冰川、地下水的侵蚀后，碎裂成细小的颗粒，这些小颗粒堆积形成的就是沉积物。沉积物经过长时间的堆积和挤压，就会变成坚硬的沉积岩。

地表附近的沉积物较多，在沉积岩中可以看到地层的层理，也会发现古生物所形成的化石。

沉积岩	砾岩	砂岩	页岩
沉积物	石子、沙砾、泥土	沙砾、泥土	泥土
沉积岩	石灰岩	岩盐	凝灰岩
沉积物	贝壳等石灰质物质	食盐	火山灰

忍受高温和高压的变质岩

因高温和高压而变质的岩石。

沉积岩或火成岩受高温和高压的作用，形成了变质岩。像这样原岩性质和结构发生变化的过程，就叫作变质作用。有些岩石与滚烫的岩浆接触后，因高温导致变质。有些岩石同时因高温和高压而导致变质。

岩石因高温作用而变质的过程中，矿物质熔融后再次降温结晶，生成的晶体较之前更大，这个过程叫作重结晶作用。同时受到高压和高温影响的变质岩，会产生与压力方向垂直的条纹，这种条纹叫作叶理。

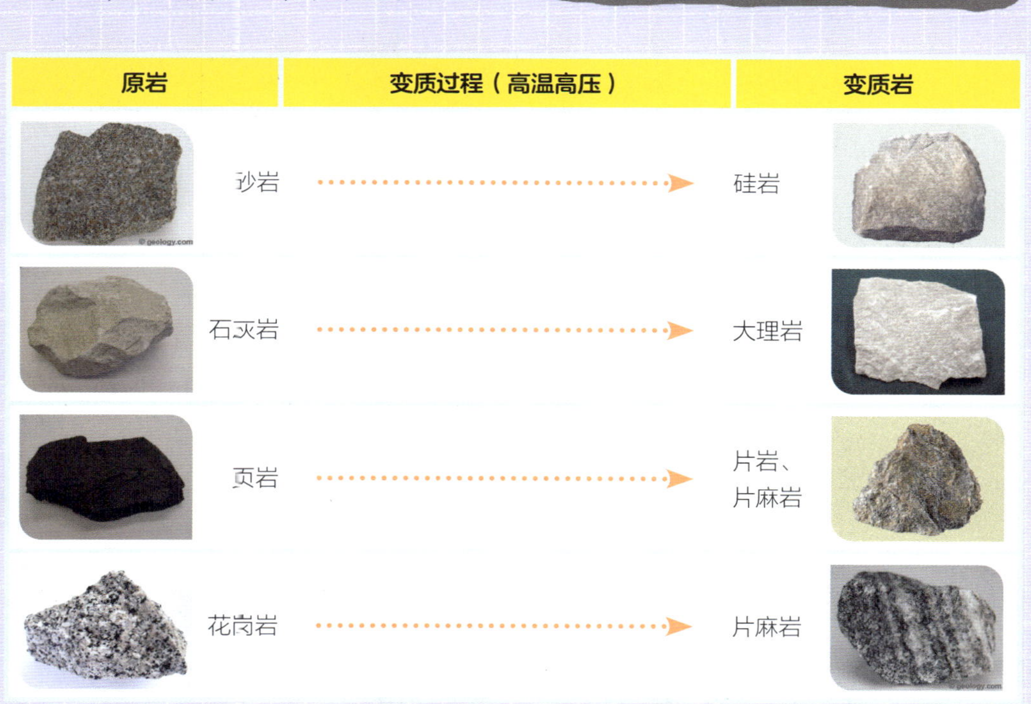

原岩	变质过程（高温高压）	变质岩
砂岩	→	硅岩
石灰岩	→	大理岩
页岩	→	片岩、片麻岩
花岗岩	→	片麻岩

变质岩的种类

通过研究地层，我们能知道什么

地层是土壤、沙砾、岩石、火山灰等沉积物堆积而成的岩层。

河水或海水里夹杂的黏土、沙砾、石子，随着水流变慢而沉积在河床或海底。较早的沉积物会位于后来形成的沉积物下方，经过长时间的固结，这些沉积物就变成了地层。地层堆积是按照时间早晚，自下而上依次堆积的。因此，只要不是因为地壳运动而导致地层颠倒，一般可以通过地层堆积的顺序，识别出地层形成的先后时间。也可以通过地层的断裂或弯曲，推断该地曾经发生过的地壳运动。

为什么会出现层理

层理是岩石沿垂直方向变化产生的层状构造。

层理是研究地质构造变形及其历史的重要参考面。之所以会出现层理，是因为形成地层的颗粒具有不同的种类、大小和颜色。大多数沉积岩层中都可以见到层理。

层理基本上都是平行出现的，但根据环境的不同，也可能出现曲线或波浪状的层理。

粒级层理（递变层理）：在基本没有外力影响的沉积环境下，颗粒越大就越位于底部。

斜层理：多见于沙漠或浅水底部，这是沉积物随着水或风的方向运动堆积的结果。

波纹层理：在风或水的沉积作用下产生的波纹状层理。

干裂：多见于干燥地区，因为沉积物表面开裂而形成。

层理的种类

地壳为什么会有断层

断层是地壳受力发生断裂并发生相对位移而形成的一种构造。

导致断层产生的地球内力有从内向外的横向拉力、从外向内的横向压力、向下作用的重力等。

以断层面为基准，位于断层面上方的地壳被称为上盘，位于断层面下方的地壳则被称为下盘。

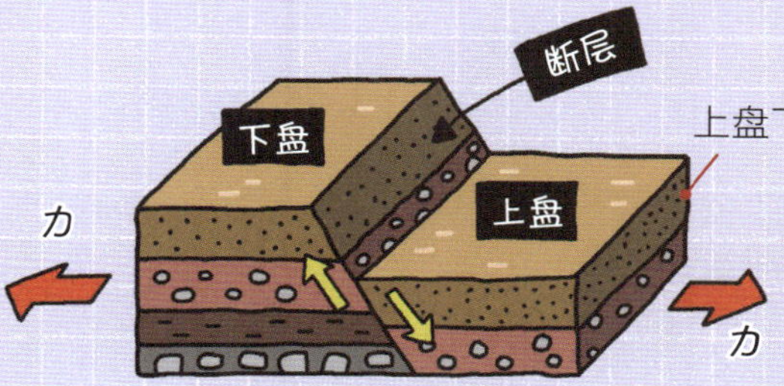

正断层

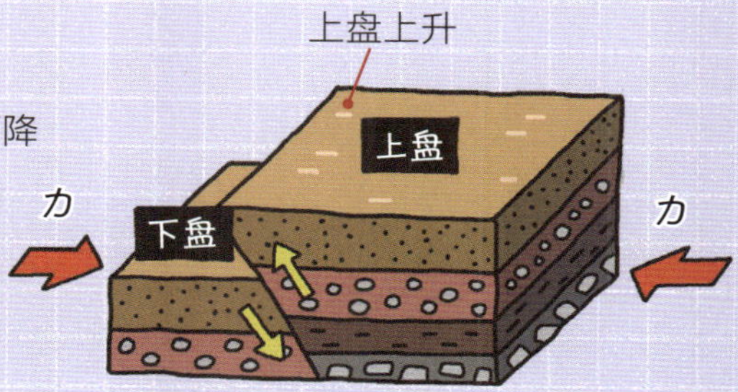

逆断层

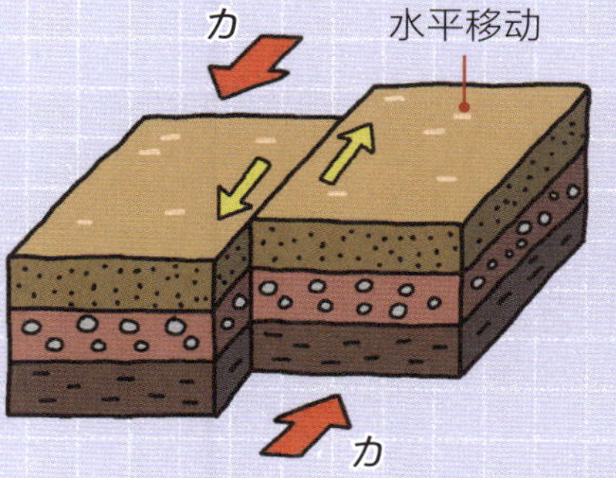

平移断层

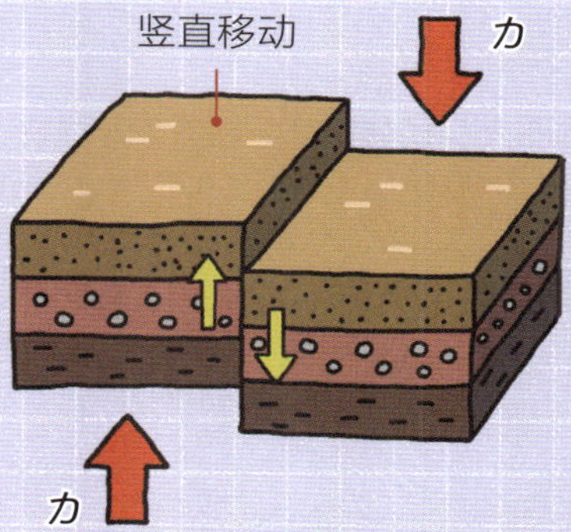

垂直断层

岩层为什么会发生弯曲

褶曲是岩层在水平挤压作用下发生弯曲的地质现象。

褶曲常见于沉积岩层。

岩层向上凸起的叫作背斜，岩层向下凹的叫作向斜。

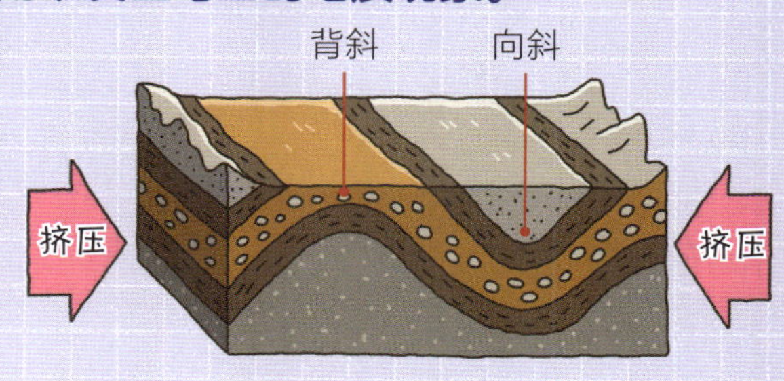

褶曲的形状和结构

石灰岩溶洞是怎么形成的

由溶有二氧化碳的水溶蚀石灰岩所形成。

溶洞分布在石灰岩组成的山地，石灰岩的主要成分为碳酸钙。空气中的二氧化碳溶于雨水或地下水，而石灰岩里不溶性的碳酸钙在水和二氧化碳的作用下，会反应生成可溶性的碳酸氢钙。

溶解在水里的碳酸氢钙在一定条件下，重新生成碳酸钙，并且沉积下来。这样经过千万年的时间，溶洞的碳酸钙成分有的沉积在洞顶，有的则沉积在洞底，就形成了钟乳石和石笋，钟乳石和石笋连在一起就是石柱。

知识拓展　钟乳石和石笋

钟乳石：石灰岩溶洞顶部像冰凌一样悬挂着的圆锥形物质。

石笋：石灰岩溶洞底部向上生长的突出物质。

石柱：钟乳石和石笋互相连接而生成的物质。

什么是搬运作用

水流、海浪和风将岩屑等风化物搬运的过程。

以水流搬运为例。水流携带的物质多来自河流的中上游，这些物质随着水流被搬运到中下游，或者随着搬运过程溶于水中。

像我们一样轻的物体，能随着河水悬移（呈悬浮状态被搬运）。

漂浮

黏土

滚起来！

鹅卵石

骨碌 骨碌

沙子

河底

像我们一样重的物体，一般沿河底推移（被滚动搬运）。

像我们一样轻的物体，能随着河水跃移（被跳跃搬运）。

流水能侵蚀岩石吗

流水或冰川等外力能对地面、岩石造成侵蚀。

水从高处流向低处时，会侵蚀河床和周边地表。

越往河流的上游，水流就越快，侵蚀作用就发生得越频繁。如果水流中夹杂了砂石，侵蚀作用就会更加强烈。

在侵蚀作用下形成的地貌有瀑布、V形谷、洞穴及海边的悬崖。有冰川存在的地区，随着冰川的流动产生侵蚀作用，会形成U形谷。如果山顶的冰川掉落，山顶则会形成尖角状的角峰。

U形谷

角峰

什么是风化作用

岩石因为空气、水、生物等外力影响而粉碎成为土的过程。

按作用性质，风化分为物理风化和化学风化两种基本类型。

物理风化是指因为地表上的温度或压力变化，导致物质颗粒逐渐变小并粉碎的风化作用。如果水流进岩石缝后结冰，体积变大，岩石也会裂开。植物向下生根，穿透岩石也会使岩石碎裂。河水或风中裹挟的沙砾也有可能使岩石破碎。物理风化多见于沙漠、高山等昼夜温差较大的地区。

由于风里夹杂着沙砾，石头上出现了孔洞。

化学风化是指岩石发生化学反应后溶解的风化作用。水里含有的二氧化碳或氧气常常会和岩石发生反应，溶洞就是一个典型的例子。化学风化主要发生在温度和湿度较高的地区。

由于昼夜温差大，岩石反复热胀冷缩，逐渐开裂。

由于植物的根向下生长，穿透岩石，导致岩石碎裂。

什么是沉积作用

水或冰川搬运的物质逐渐堆积的过程。

河流下游水流变慢，河水中夹杂的各种物质沉到河底。水流越慢，沉积作用越明显，物质从重到轻逐渐沉积。由于沉积作用形成的代表性地形有冲积扇和三角洲。

水流搬运物质的距离长短与物质颗粒的大小有关，因此不同大小的颗粒会沉积在不同的位置。泥土等较轻的颗粒能比石子移动更长的距离，所以泥土一般都沉积在离海岸较远的地方。

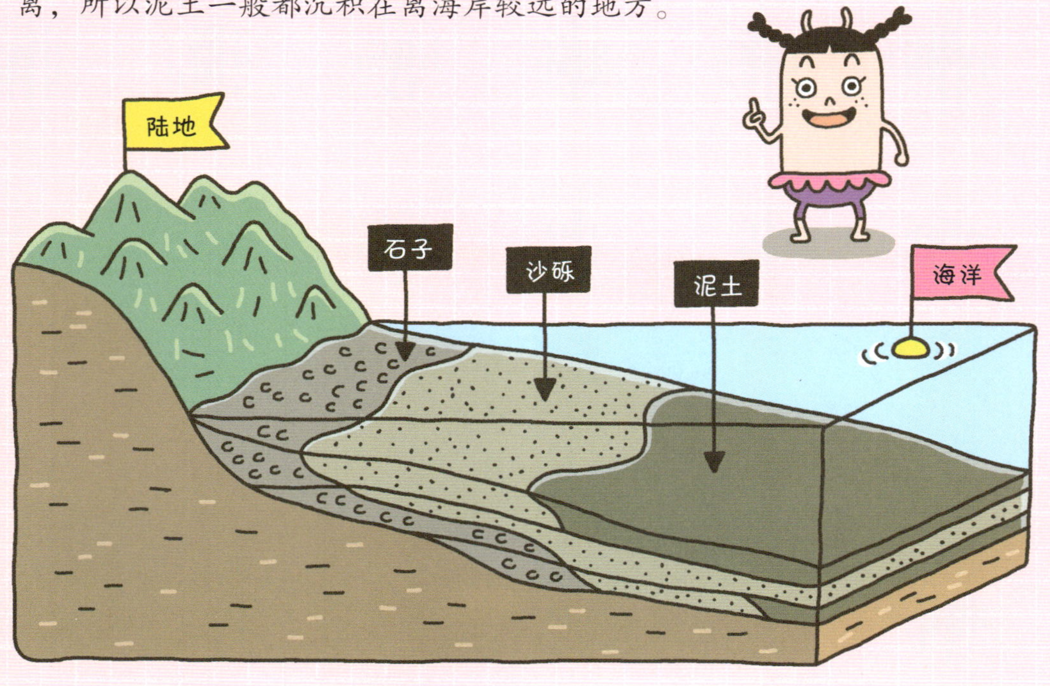

三角洲地区有什么特点

三角洲是河流下游堆积形成的三角形平原。

在河流汇入海洋、湖泊或大河的河口处，水流速度减慢，大量泥沙堆积，逐渐形成三角形的平原。三角洲的土层较厚，土壤肥沃，水网较密，适合动植物生存生长，也适宜发展农业生产。中国的长江三角洲是由长江和钱塘江冲击而成，是长江中下游平原的一部分。

埃及尼罗河三角洲

1. 三角洲的英文为Delta，这个单词也表示希腊字母Δ。
2. 有的河口的三角洲不是三角形的，有可能是扇状、鸟足状、尖头状等。

冲积扇位于哪里

河流出山口处的沉积物不断堆积形成的扇状地貌。

从山上流下来的河水流出出山口，河床变得平坦，水流速度变得缓慢。河水中夹带的沉积物逐渐堆积，形成了冲积扇。

冲积扇的面积要比河流下游形成的三角洲大，主要用作耕地。

冲积扇

V 形谷，真的很形象

横断面上呈现V字形的河谷，多见于河流上游。

河流上游，由于地面的倾斜度较大，水流较快，河床底部受到的冲击力大于两侧河谷受到的冲击力，因此形成了横断面上呈现V字形的河谷。V字形河谷窄而深，倾斜度大。

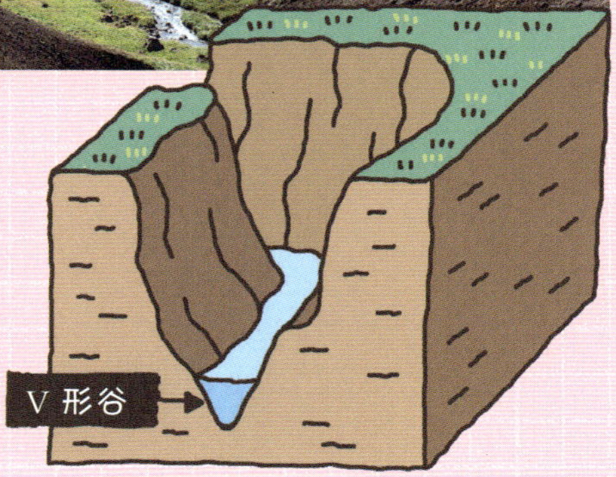

牛轭湖是怎样形成的

从弯曲的河道中分离出来，形成牛轭形状的湖泊。

牛轭湖主要出现在河流下游，随着河流越来越弯曲，导致弯曲的部分和河道分离，形成了湖泊。由于不再有新的水流流入，所以牛轭湖会逐渐变为湿地，最后消失。

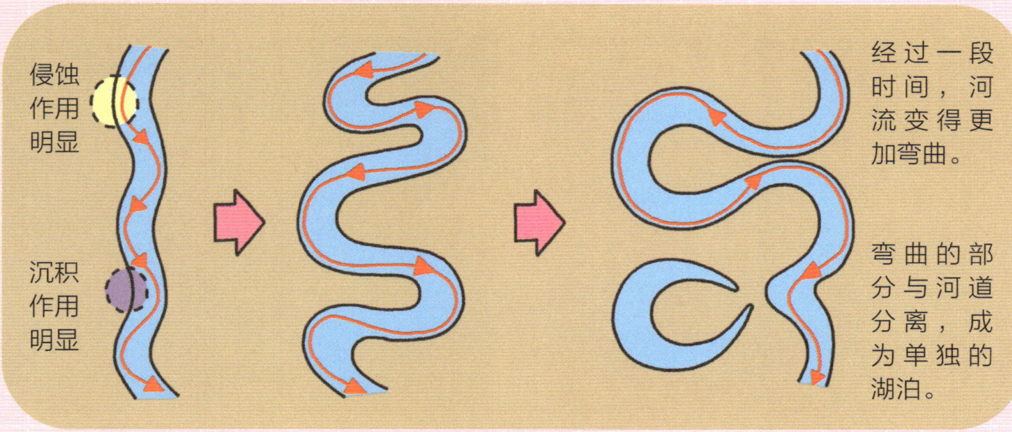

曲流河是怎样形成的

曲流河外侧受侵蚀作用明显，内侧受沉积作用明显。

河流中下游地区，河床坡度逐渐变缓，河流流速减缓。河流外侧流速较快，侵蚀作用显著。河流内侧流速较缓，沉积作用更加突出。

河岸凹入的部分为凹岸，凸出的部分为凸岸。凹岸不断后退，凸岸不断前伸，河床逐渐变成了S形，犹如蛇行，所以也被称为蛇曲河。

曲流河

去看看生活在滩涂上的生物

滩涂是涨潮时被淹没、退潮时露出的海边滩地。

江水汇入大海的过程中，携带的部分泥沙随潮水上岸，潮退后沉积在海边，形成滩涂。滩涂的结构疏松，缝隙能存水，可以起到缓冲带的作用。

在滩涂上生活的生物可以净化污染物。微生物、软体动物、甲壳动物、鱼类、鸟类等多种生物构成滩涂生态系统。

3 变幻莫测的气象

抬头看看天上的云

云是水蒸气变成小水滴或小冰晶，飘浮在空中形成的聚合物。

空气向上运动并不断膨胀，随着温度的降低，空气中的水蒸气开始变成小水滴。当温度持续降低至0 ℃以下时，水蒸气变成小冰晶，这些小水滴和小冰晶飘浮在空中就形成了云。

云按照形状可分为纵向堆积的积云和横向延展的层云，按照生成位置可分为低云、中云、高云。

云的分类

什么是冰晶效应

温带或寒带地区云里的冰晶逐渐增大，落到地面则为雪，落地前融化则为雨。

在大气对流层中，高度越高，温度越低。温带或寒带地区云的上层温度都低于−40 ℃。云的下层可能会有水滴存在。在低于0 ℃的云的中上层，水蒸气、水滴、冰晶是混合在一起的。中层的水蒸气依附在冰晶上，冰晶就会逐渐变大，当冰晶重得已经无法飘浮在空中时，就会开始下落。以冰晶的形态落到地面则为雪，落地前就已融化则为雨，这种雨叫作冷雨。

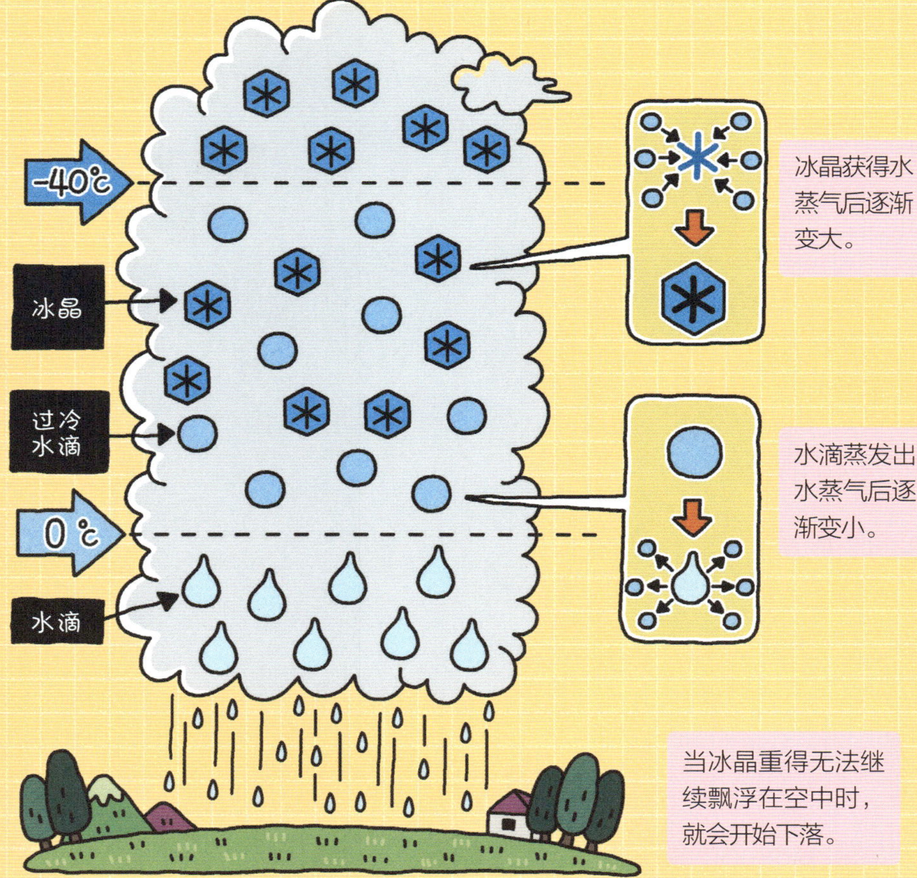

小水滴，大水滴，碰碰碰

热带地区云体中的水滴变大落下成为降雨的理论就是碰并增长理论。

热带地区的云，其温度高于0 ℃，所以云体完全是由水滴组成的。云体中不同大小的水滴相互碰撞合并成更大的水滴，水滴达到一定的大小就会因为重力作用下落，这种情况下的降雨就叫作暖雨。

什么是绝热变化

在绝热的状态下，由于空气体积变化导致温度变化的现象。

在与外界没有热量交换的情况下，如果空气团的体积突然增加，那么空气团就会产生推动周围空气的效果。在这个过程中，由于消耗热能，空气团温度会降低。像这样，随着空气的体积增加而温度降低的过程叫作绝热膨胀。在云形成的过程中，地面上空的空气团向上爬升，发生绝热膨胀。与之相反，向空气团施加压力，使其体积迅速缩小而导致温度上升的现象叫作绝热压缩。

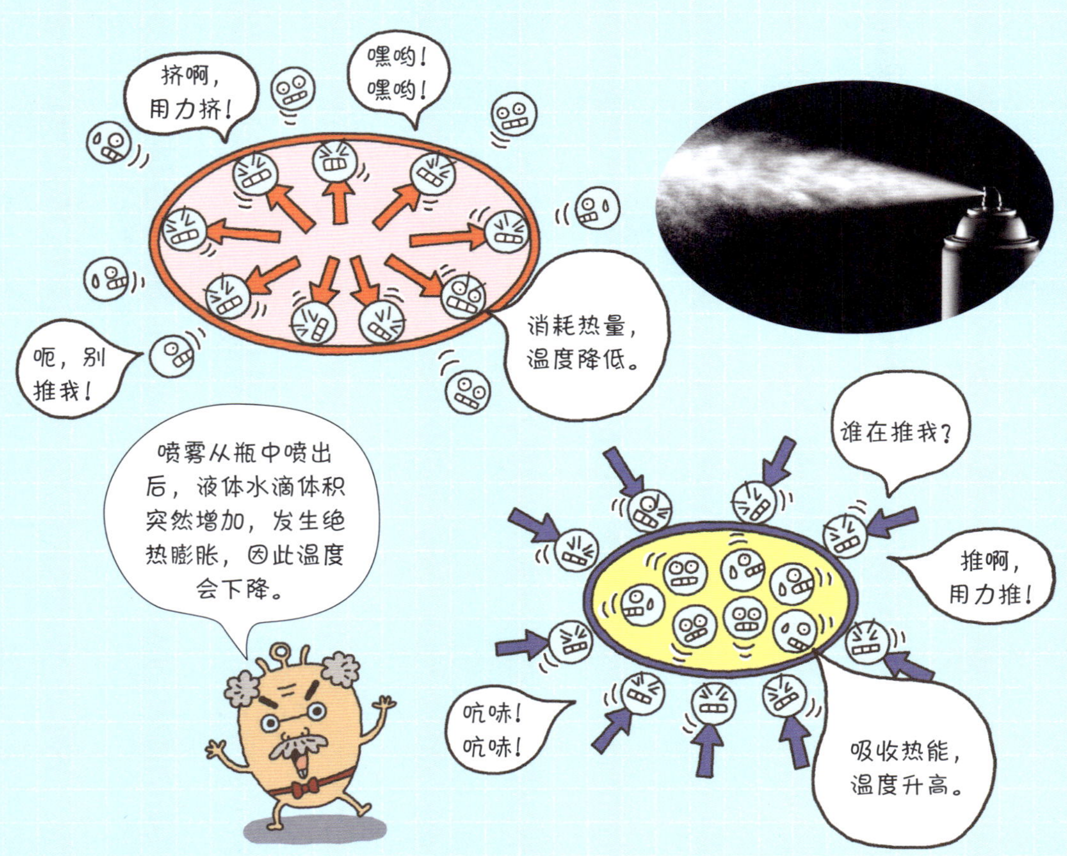

水在 0 ℃以下还能保持液体状态吗

0 ℃以下未冻结的液态水滴就是过冷水滴。

将水缓慢冷却至0 ℃以下，仍然保持液体状态的水，就是过冷水。过冷水滴十分不稳定，受到一点刺激就会凝结为冰。自然界中形成云的水滴中就存在过冷水滴。

液体和空气中都能发生对流运动

对流是气体或液体通过自身运动传递热量的方式。

温度高的液体，因密度小于周边液体而向上移动。温度低的液体，因密度大于周边液体而向下移动。因此只要给液体的一部分加热，整个液体的温度都会上升。

空气也会发生对流运动，因太阳光照射而变热的地面空气向上移动，地面上空的冷空气向下移动，从而形成空气对流。空气中的水蒸气会随之一起移动，形成云等天气现象。

什么是气团

具有特定温度和湿度的较大空气团。

如果空气团长时间停留在一个地方，就会产生类似当地特性的气团。陆地上形成的气团干燥，海洋上形成的气团潮湿，低纬度区域形成的气团温暖，高纬度区域形成的气团寒冷。

韩国在夏季受热带太平洋气团影响，在冬季受西伯利亚气团的影响。初夏，鄂霍次克海气团和北太平洋气团汇合，形成梅雨锋。赤道气团在夏季和初秋带来台风，届时会下大雨。

看，两个气团在“交锋”

温度与湿度不同的两个气团相遇时产生的交界面。

由于形成锋面的两个气团性质不同，锋面两侧的气温、气压、风向具有明显差异。

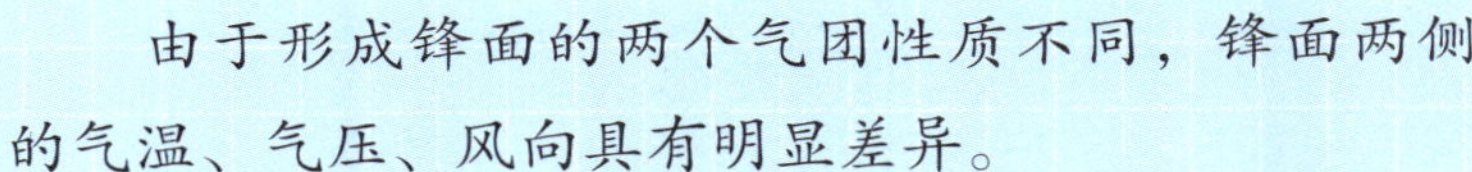

锋面分为暖锋和冷锋。冷锋是冷气团钻到暖气团下面，推开暖气团而形成的锋。暖锋是暖气团顺着冷气团向上爬而形成的锋。

冷锋

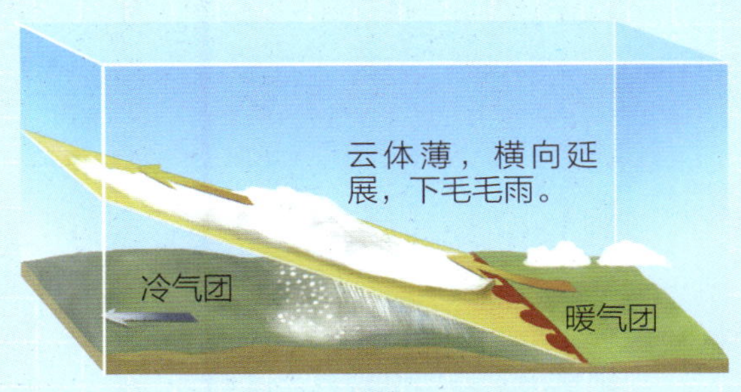

暖锋

知识拓展 **梅雨锋**

形成锋面的两个气团的强度几乎相同，导致锋面会在一个地方停留较长时间。梅雨锋就是典型的例子。初夏，韩国东北部的湿冷空气团和东南部的湿热空气团，在韩国附近相遇，形成梅雨锋。梅雨锋会在韩国停留很长时间，造成大量降雨。

气象就是天气的现象吗

确切地说，气象是指大气中发生的各种现象。

气象包括风、云、雨、雪等。测量这些气象要素的有风向、风速、云量、降水量、气温、气压、湿度等。

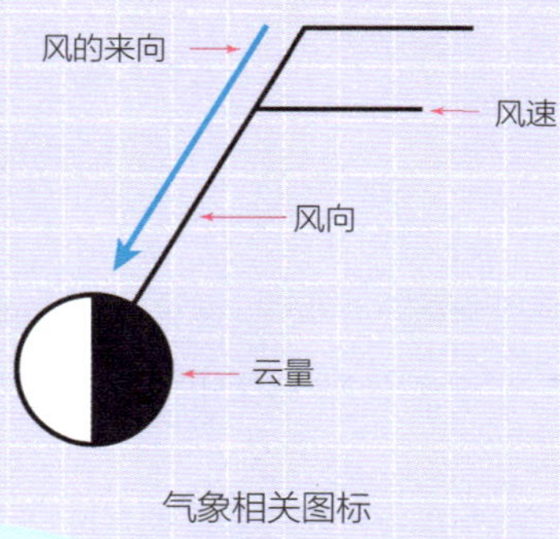

气象相关图标

“真空”里什么都没有吗

一定空间内的气压远小于一个大气压力的状态。

实际上很难打造出一个没有任何物质存在的空间，所以一般说的真空是指气压极低的状态。在自然环境里，我们一般将宇宙空间看作是真正的真空。在真空中听不到声音，物质无法燃烧，生命体无法存活，但光可以通过。

气压就是空气的压力吗

气压会随高度而改变。

气压随高度而改变，以海平面上的气压为基准，称为1个大气压，单位为帕（Pa）、毫米汞柱（mmHg）或厘米汞柱（cmHg）。毫米汞柱和厘米汞柱都是用水银柱的高度来表示气压。

1个标准大气压=101.325千帕=76厘米汞柱=760毫米汞柱

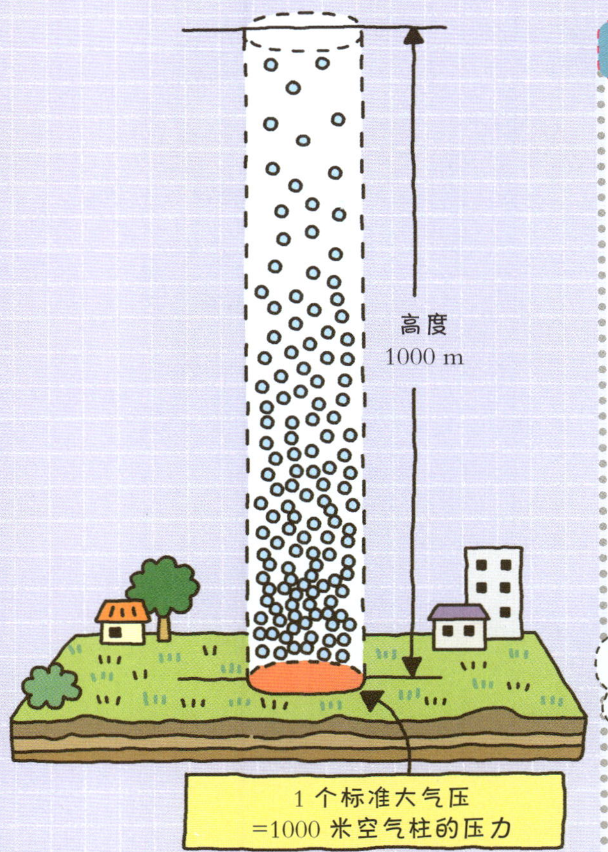

知识拓展 高气压与低气压

比周边聚集更多的空气，导致气压变高，这样的地方叫作高气压；反之叫作低气压。空气通常从高气压流向低气压，因此风从高气压吹向低气压。仅通过一个地区的气压无法判断该地区是高气压还是低气压，需要与多地的气压值比较后判断。

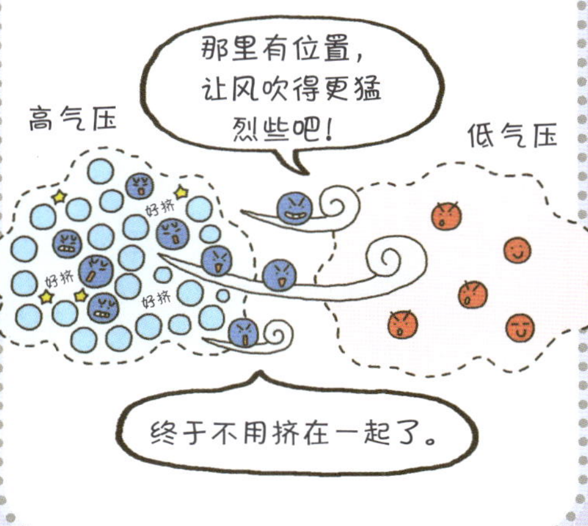

用什么来测量气压

可以用水银气压计或无液气压计。

气压计有两种，一种是利用水银柱高度测定大气压的水银气压计，另一种是利用真空金属盒来测定大气压的无液气压计。

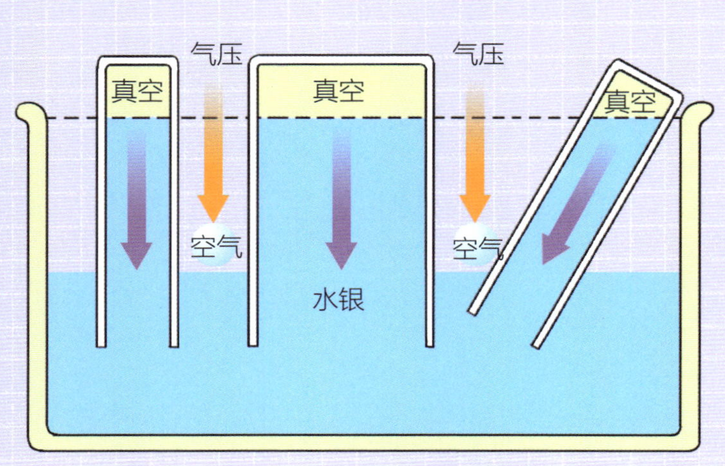

水银气压计

汞柱高度随气压增加而增加，反之降低。

知识拓展　无液气压计

大气压增加，真空金属盒凹陷，反之凸起。金属盒的变化通过传动机构传给指针，指针随之发生偏转，指针指向的刻度即为大气压力值。

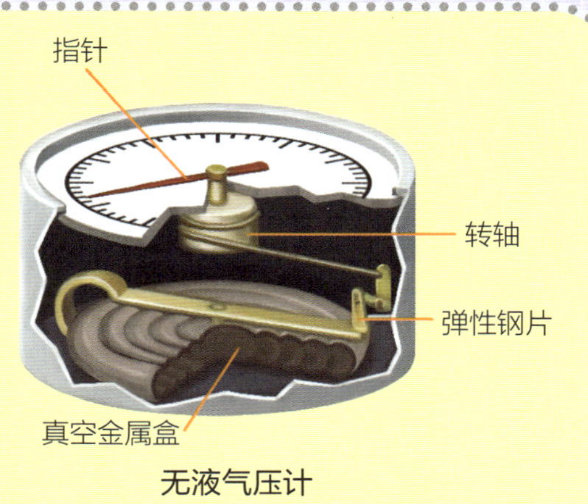

无液气压计

怎么画等压线

等压线就是天气图上把同一高度气压相等的点连接在一起的线。

把多个观测站测定的气压转换成海平面气压值，并在地图上用曲线连接起来。等压线越密，气压变化越大；等压线越疏，气压变化越小。画等压线就可以知道高气压和低气压的位置。

由于风从高气压吹向低气压，因此也可以知道风的方向。等压线越密，气压差越大，风更猛烈。

在等压线分布图上，从高压伸展出来的狭长区域就是高压脊，从低压伸展出来的狭长区域就是低压槽。将高压脊想成山脊，将低压槽想成山谷，就比较好理解了。

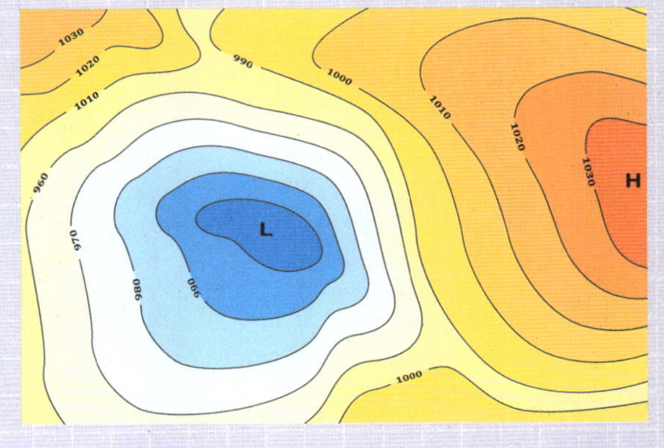

知识拓展　画等压线的方法

1. 以1000百帕为基准画一条曲线。
2. 每隔4百帕画线。
3. 两条线不能相交或中断。
4. 没有气压的地方按距离比例画线。

知识拓展　低气压（气旋）

在等压线分布图上，低压线闭合，中心气压低于四周气压的区域，就是低气压，也被称为低压或气旋。一个地区被低压控制时，会出现阴雨天气。

台风是怎么形成的

台风就是热带海洋上形成的低压涡旋。

一般在热带海洋水温达到27 ℃以上时才会生成台风。水蒸气液化成水滴时会放热，放出的热量就是台风的能量来源。台风登陆陆地后，不再有新的水蒸气补充，所以会在短时间内消失。

台风的中心部位有下降气流，中心周围则是呈螺旋状的上升气流。因此台风中心没有云，风速也很低，这个部位就叫作台风眼。中心周围有很厚的积云，会引起狂风暴雨。

台风的名称是由14个国家和地区提供的，中国提出的台风名有龙王（后改为“海葵”）、悟空、玉兔、海燕、风神、海神、杜鹃、电母、海马和海棠等。

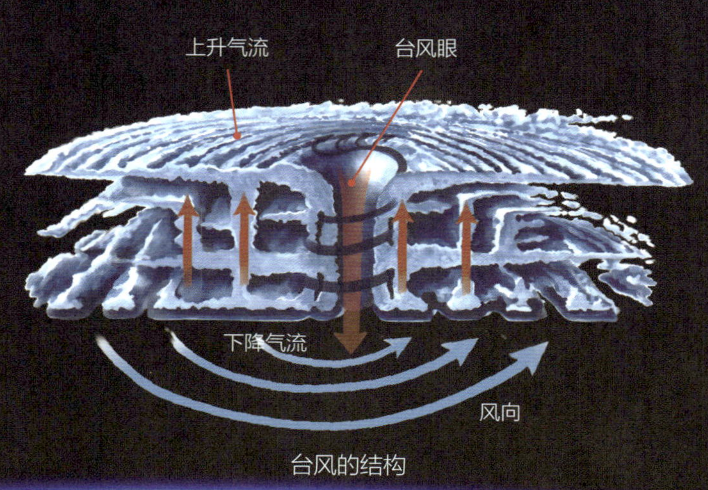

台风的结构

台风和飓风都属于热带气旋。在北半球，东太平洋和大西洋上生成的风力达到12级的热带气旋，就是飓风。在西太平洋上生成的风力达12级的热带气旋，被称为台风。

台风眼

知识拓展 **危险半圆和可航半圆**

危险半圆：位于台风移动路径右边的半圆区域中，风吹向台风中心，风向与台风的移动方向几乎相同，所以风力会逐渐变大。

可航半圆：位于台风移动路径左边的半圆区域中，风吹向台风中心，风向与台风的移动方向相反，所以风力会逐渐变小。

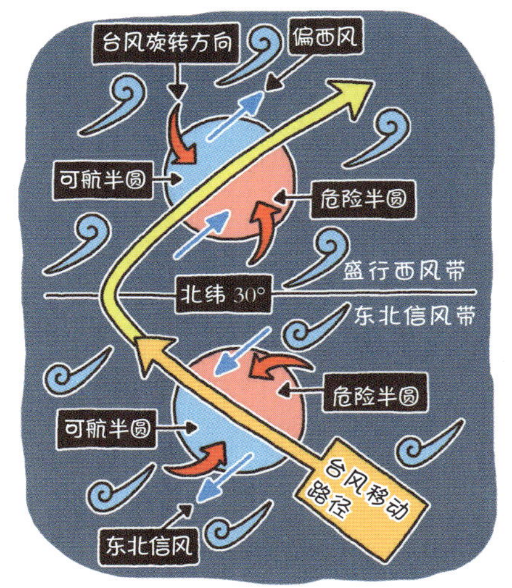

什么是海陆风

沿海地区由于海陆升温和降温的速度差，而出现的具有日周期的地方性风。

陆地比海洋升温更快，降温也更快。

白天陆地先变暖，空气向上运动，形成低气压。而在温度相对较低的海洋，则是空气下沉，形成高气压。为了补充陆地上的空气，风会从高气压的海洋一侧吹向陆地，这就是海风。

夜晚则与之相反，海水降温慢，形成低气压。陆地降温快，形成高气压。所以夜晚时，风会从高气压的陆地一侧吹向低气压的海洋一侧，这就是陆风。

白天为海风

夜晚为陆风

你见过这些温度计吗

温度是指用数字表示物体的冷热程度。

热是改变物体温度或状态的能量，热传递导致物体温度的改变。温度的单位有摄氏度（℃）和华氏度（℉）。中国主要用摄氏度作为温度的单位。在1个标准大气压下，水的凝固点为0 ℃，沸点为100 ℃。

欧美常用华氏度作为温度的单位，在1个标准大气压下，水的凝固点为32 ℉，沸点为212 ℉，将32~212 ℉划分为180等份，每一份就是1 ℉。

温度计按种类可分为：暖气调节设备中使用的双金属片温度计，把长针插入热油中测量油温的数字温度计，像手枪一样发射红外线测量日光灯温度的红外温度计和测体温的水银温度计。

知识拓展 温度计

温度计是测量温度的仪器。常见的体温计是在长玻璃管中装有酒精或水银等液体制成的。原理为温度升高，液体体积增加，液柱随之上升。

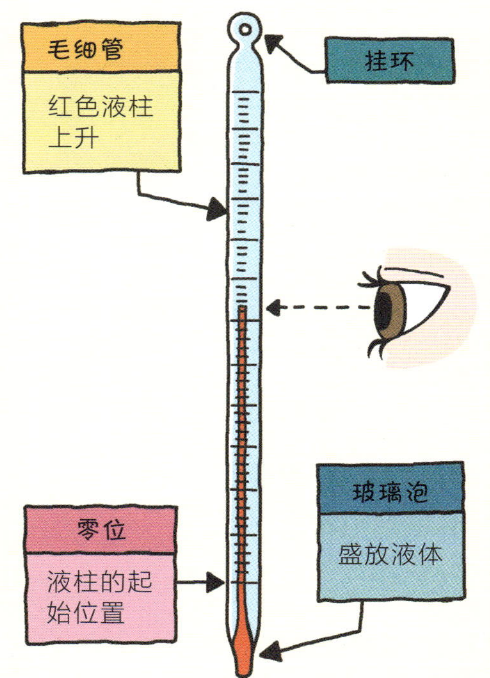

数字温度计

红外温度计

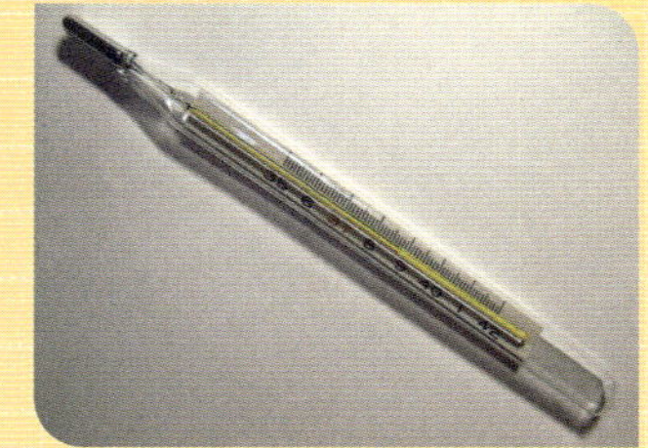
水银温度计

温度计的种类

一天当中的最高气温出现在什么时间

气温是在离地1.5米高处的百叶箱中测量的空气温度。

太阳光照射地面，地面温度升高，从而加热了上方的空气，空气温度上升。在没有太阳照射的夜晚，地表温度会逐渐下降，因此日出前的气温会下降到最低点。天亮后，气温会随着太阳的升高而上升，但是由于加热地表需要一定时间，所以一天当中的最高气温出现在14:30左右，而不是太阳升至最高点的中午12:30。

气温随季节而变化，夏天太阳高度角大，气温高；冬天太阳高度角小，气温低（太阳高度角指的是太阳光和水平面的夹角，阳光垂直照射的地方，太阳高度角最大）。

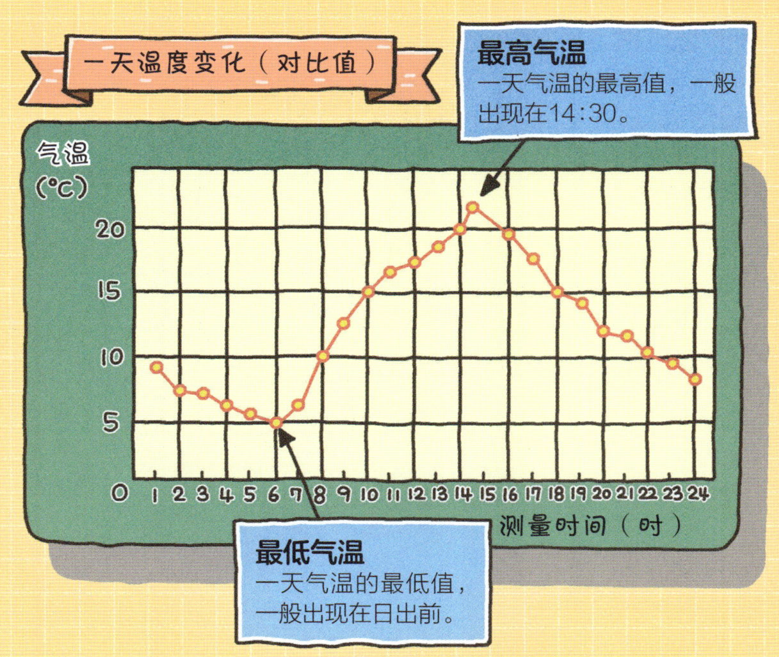

为什么会出现“前春暖，后春寒”

初春天气突然变冷的现象就是倒春寒。

春季天气回暖的过程中，由于冷空气入侵，使得气温降低的现象就是倒春寒。这种“前春暖，后春寒”的天气对植物的危害较大。在韩语里，倒春寒被称为嫉妒开花，意为寒冷的天气好像嫉妒开花一样。

什么是日较差

一天中最高气温和最低气温的差值。

一般来说，晴天的日较差高于阴天，陆地的日较差高于海洋，植物少的陆地的日较差高于植物多的陆地，高纬度地区的日较差低于低纬度地区。

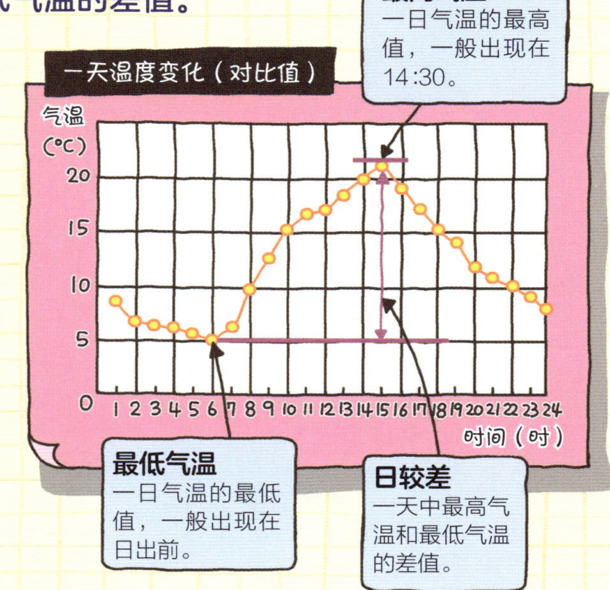

什么是热力学温标

以分子停止运动的-273.15 ℃为基准的温度。

最初提出这个概念的是英国物理学家威廉·汤姆孙，也叫作开尔文温标、绝对温标，单位是开尔文（K），可用摄氏温度加上273.15求得。即，0 ℃相当于热力学温标的273.15 K。-273.15 ℃就是0 K，也叫作绝对零度。理论上，在绝对零度（-273.15 ℃）时，气体体积为0，所有分子停止运动。

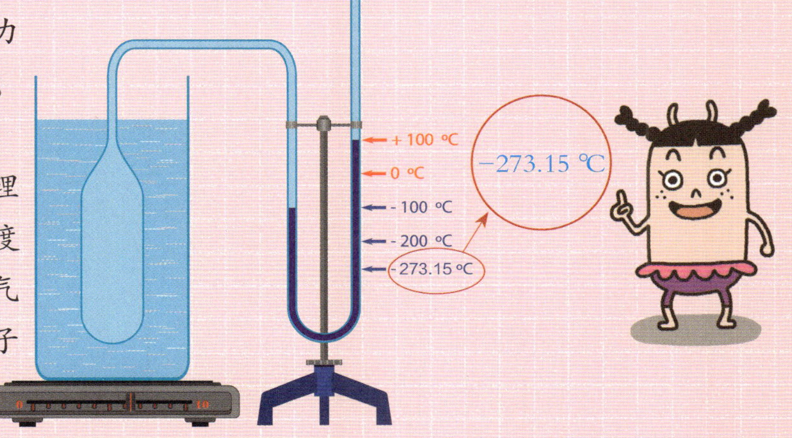

试着制作一个雨量器吧

雨量器是用来测量降水量的仪器。

雨量器是用一定大小的器皿盛接雨水，测量其高度，单位为毫米（mm）。

雨量器

古代的测雨器

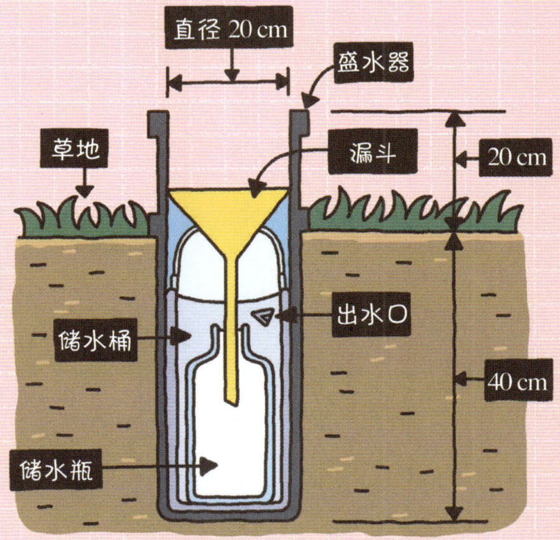

雨量器的构造

降水量就是雨水积聚的高度吗

确切地说，降水量是雨、雪、冰雹等落到地面上的水积聚的高度。

测量降水量的基本仪器是雨量器。雨量器的外部是一个铁筒，里面有储水桶、漏斗、储水瓶。把通过雨量器收集的雨水倒入配套的量筒内，量筒上的水位线就是降水量。降水量的单位为毫米。雨量器收集到的雪或者冰雹，要待其融化成水后再测量。自动观测降水量的仪器有翻斗式雨量传感器、称重式降水传感器。

降雨量分为7个等级

等级	24h降雨量（单位为毫米）
微量降雨	<0.1
小雨	0.1～9.9
中雨	10.0～24.9
大雨	25.0～49.9
暴雨	50.0～99.9
大暴雨	100.0～249.9
特大暴雨	≥250.0

降雪量分为7个等级

等级	24h降雪量（单位为毫米）
微量降雪	<0.1
小雪	0.1～2.4
中雪	2.5～4.9
大雪	5.0～9.9
暴雪	10.0～19.9
大暴雪	20.0～29.9
特大暴雪	≥30.0

常见误区 降水量就是雨水积聚的高度吗？

你的家乡属于什么气候

气候是指每年同一地区的气温、降水量、风等的平均状况。

天气是指时时刻刻发生变化的大气现象，气候是指长期以来天气信息的综合情况。气候因地而异，但在同一个地方保持稳定。气候可分为热带雨林气候、热带季风气候、热带草原气候、热带沙漠气候、亚热带季风性湿润气候、温带海洋性气候、温带大陆性气候、温带季风气候、高原山地气候、地中海气候、寒带气候、苔原气候、冰原气候。

世界气候类型复杂多样，但分布有一定规律。热带的气候大致分布在南、北回归线之间；寒带的气候大致分布在南、北极圈内；亚热带和温带的气候大致分布在北回归线与北极圈、南回归线与南极圈之间。

气候类型	特征
热带雨林气候	高温多雨、植物常绿
热带草原气候	终年高温、明显的干湿两季
温带季风气候	介于热带和寒带之间，四季分明
寒带气候	主要分布在极圈以内，气温很低

知识拓展　气候分类法

德国气候学家柯本创立了柯本气候分类法。柯本以植被分布为基础，以气温和降水量为指标，将全球气候分为5个主要气候带，各气候带又划分为不同的气候类型。这5个气候带分别是热带多雨带、干燥带、温暖多雨带、寒冷带和冰雪带。柯本的气候类型分类法，成为以后许多气候分类的基础。

说说看，你最喜欢哪个季节

季节是指每年循环出现的地理景观相差比较大的时间段。

季节产生的原因是地球自转轴与公转轨道平面不垂直，地球中纬度地区四季分明，分为春、夏、秋、冬。赤道地区终年炎热，分为多雨期和少雨期。极地地区只有冬季和夏季。北半球和南半球季节相反。

中国大部分处于中纬度地区，有春、夏、秋、冬四季，3～5月为春季，6～8月为夏季，9～11月为秋季，12～次年2月为冬季。

常见误区　北极和南极只有冬季

南北极也有夏季和冬季。北半球处于夏季时，北极也是夏季。北极在夏季时发生白夜现象，整个夜间天也不会完全黑下来。由于南北极地区的纬度高，太阳高度角小，太阳辐射经过大气层的路径长，地面接收的太阳能不多，即使是在盛夏，极地地区的气温也低于0 ℃。

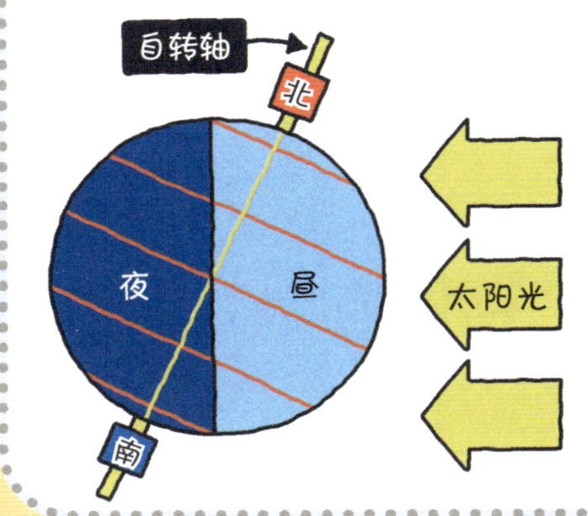

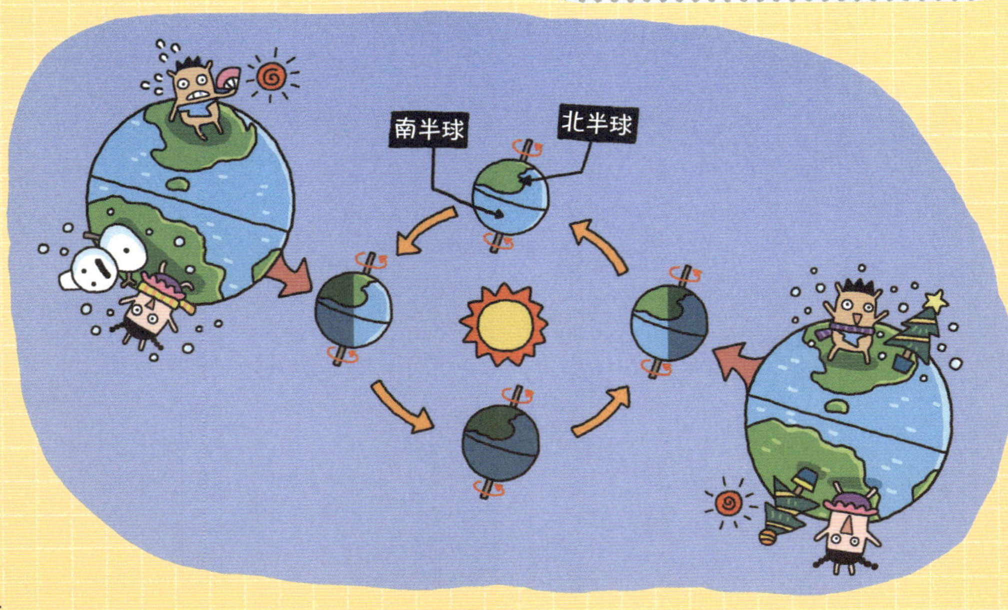

湿度受什么影响

湿度是指空气中水汽的含量。

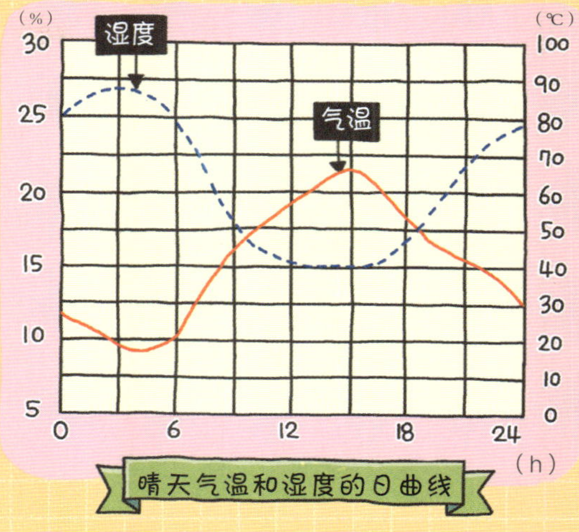

一般情况下，空气中的水汽含量越高，湿度就越高；含量越低，湿度也就越低。但如果空气中的水汽含量不变，气温升高，就会感觉空气变得干燥。

湿度不是恒定的，会随着天气而变化。例如，下雨天空气中的水汽含量比晴天或阴天更高，湿度也更高。一天中气温最高的下午两三点，湿度最低。夏天空气中的水汽含量很高，所以即使气温升高，湿度也依然维持在较高水平。反过来，冬天空气中的水汽含量很低，所以即使气温降低，湿度也依然较低。

百叶箱是用来干什么的

置于室外的小房子状白色箱子，用于放置温度表和湿度表等气象观测设备。

百叶箱是用于测定周围空气状况的装置，里面通常放置最高温度表、最低温度表、自记温度表、湿度表。

百叶箱内部

百叶箱外观

什么是干湿球湿度计

利用干湿球湿度计温度的差值测量空气湿度的仪器。

干湿球湿度计由两支温度计组成，其中湿球温度计的球部用潮湿的纱布包住，浸入水槽里。利用两个温度计温度的差值就可以测定空气湿度。

湿纱布的水蒸发吸热，湿球温度计的温度就会低于干球温度计，两个温度计的差值越大，就说明水蒸发得越多，空气湿度就越低。

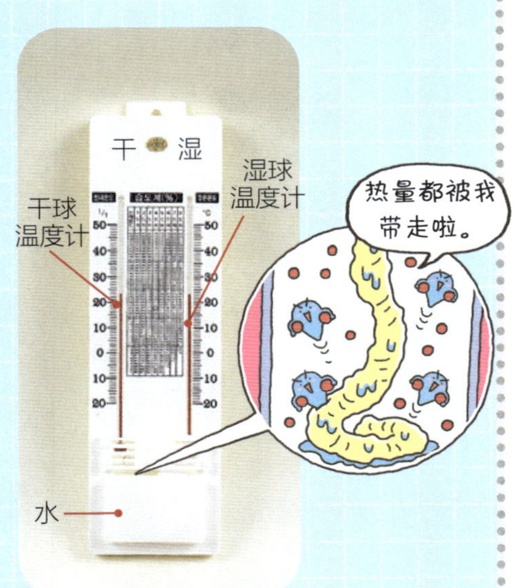

知识拓展 **如何测湿度？**

1. 分别读取干球温度计和湿球温度计的数据。
2. 在差算表左侧第一列找到干球温度计的读数。
3. 在差算表第一行中找到干湿球的温度差。
4. 两个数值的交叉点就是对应的湿度。

湿球温度计是20 ℃，干球温度计是22 ℃，温度差为2 ℃。在差算表中，可以查出该温度差对应的湿度是83%。

如果干湿球温度计的读数一致，那么空气湿度就是100%。

干湿球的温度差（℃）/ 湿度（%）/ 干球温度（℃）	0	1	2	3
22	100	92	83	76
21	100	91	83	75
20	100	91	83	74
19	100	91	82	74

无线电探空仪能飞多高

它是观测并传递大气上层气压、气温、湿度的仪器。

将气压计、温度计、湿度计安装在气球上，升到大气上层，并将观测到的数据通过电波传送到地面。在地面利用雷达可以追踪无线电探空仪的位置。

无线电探空仪的飞行高度可达30千米，如果继续升高，气压差会导致气球爆炸。测量仪器在降落伞的保护下可安全降落地面。

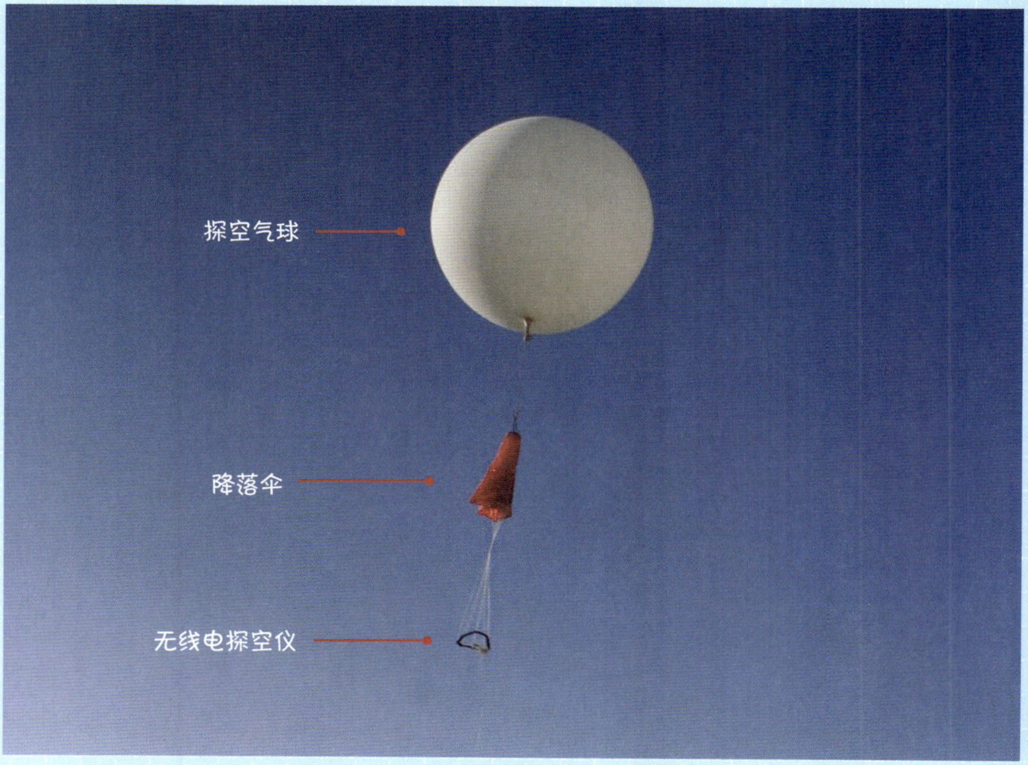

探空气球

降落伞

无线电探空仪

无线电探空仪

明天是什么天气

天气预报预测并告知未来的天气。

天气预报就是观测气温、湿度、气压、云量、风向、风速等气象要素，绘制天气图后进行分析预测。我们日常可以通过广播、报纸、电视、网络等方式获得天气预报。天气预报有仅预测未来几天天气的短期预报，还有预测未来一周或一个月天气的中长期预报。

台风、暴雨、寒潮、暴雪等气象带来的重大灾害，被称为气象灾害。当预测有气象灾害时，相关部门会按照严重程度，发布不同等级的气象预警。

地球的空气在不停地循环流动，要想了解天气，需要观测周边地区的大气状况。

天气预报全过程

你从天气图上能看到什么

天气图就是将观测站观测到的气象要素标在地图上。

将各观测站测得的数值标示在一张地图上，可以一目了然地了解整个天气形势。天气图可以简单分为地面天气图和高空天气图。通过天气图上的等压线的间隔，可以得知风的强度。通过高、低气压的位置，可以得知风的方向。通过锋面的位置，可以知道下雨的地区。

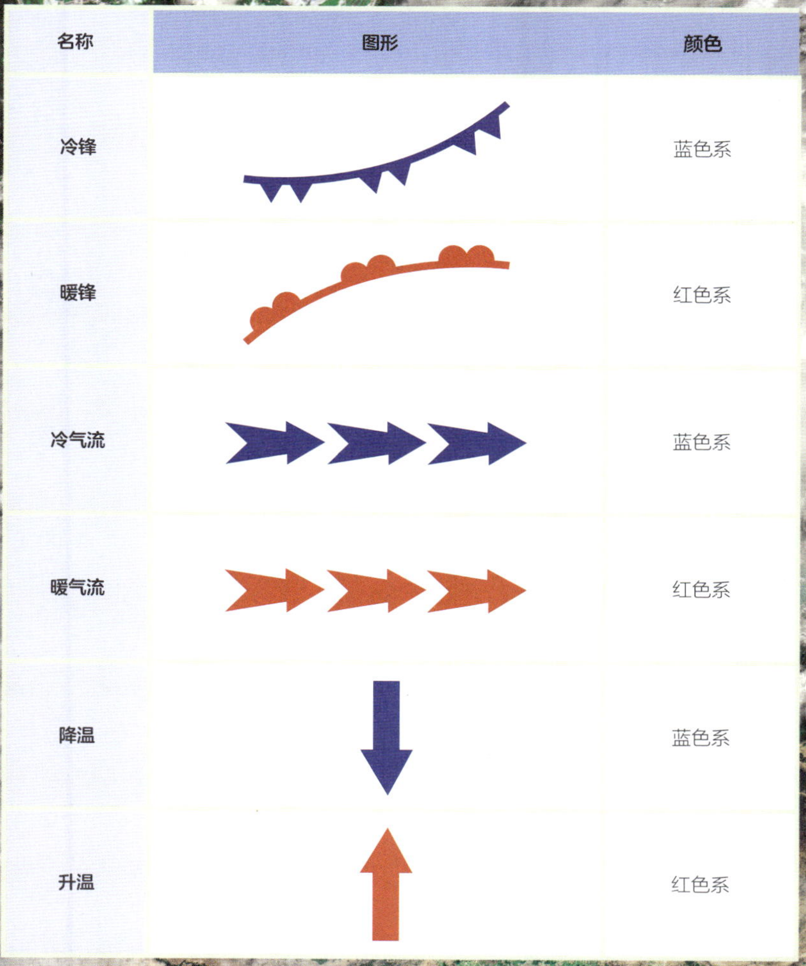

名称	图形	颜色
冷锋		蓝色系
暖锋		红色系
冷气流		蓝色系
暖气流		红色系
降温		蓝色系
升温		红色系

气象节目常用天气系统图形符号

大气层主要分为哪几层

大气层是指因重力原因而围绕地球的混合气体层。

大气层也被称为大气圈，包含氮气、氧气、二氧化碳等各种气体，其中氮气约占78%，氧气约占21%，二氧化碳约占0.038%。大气层的厚度约为1000千米，因高度不同而有不同的特点，分为对流层、平流层、中间层和热层。

大气层不仅能提供人类呼吸所需的氧气，还能够阻挡紫外线和流星等从宇宙进入地球。大气层能维持地球温度稳定，否则生物无法生存。大气层在地球上不断循环的过程中，还参与水和能量的分配。

洋流就是海水的定向流动

海水随着表层洋流和深层洋流在海洋里循环流动。

海水始终朝一定的方向流动。海水表面的洋流叫作表层洋流，表层洋流是由于表面的海水受风力影响而产生的。赤道到北纬（南纬）30°之间为东北（东南）信风带，纬度30° 到60° 之间为盛行西风带，纬度60° 到南北极点则是极地东风带。风向会影响海水的流向。

海水下沉或上浮之后产生的洋流叫作深层洋流。深层洋流是因为海水水温和盐度的差异而形成的。水温低、盐度高的海水密度较大，所以会向下沉。水温高、盐度低的海水密度较小，所以会向上浮。

知识拓展 **暖流和寒流**

根据温度的不同，洋流可分为暖流和寒流。

从低纬度流向高纬度的洋流比较温暖，所以叫作暖流。暖流水温高，溶解的盐分也较多，但含氧量不高，含有的营养盐也不是很丰富。

从高纬度流向低纬度的洋流温度较低，所以叫作寒流。寒流与暖流相反，盐分含量低，但含氧量高且含有丰富的营养盐。

如果暖流和寒流相遇，温度较低的海水就会向下流动，温度较高的海水则向上流动，两种不同温度的海水会混合在一起。暖流与寒流汇合的地方，营养盐和浮游生物较多，所以会有很多鱼类，是非常理想的渔场。

4 保护我们的生态

海面为什么要设置围油栏

海面上设置的漂浮围栏能防止从储油设施中溢出的原油流入大海。

一旦油轮或海上储油设施发生泄漏事故，石油会迅速扩散，污染大片海域。相比石油大面积扩散对海洋生态系统和环境的危害，围油栏能将石油阻隔在较小的范围内，便于事故方及时处理。

围油栏

什么是生物需氧量

微生物分解水中有机物的过程中所需氧气的量。

生物需氧量可以缩写为BOD。水里的有机物越多，分解时需要耗费的氧气就越多，生物需氧量的值也就越大。生物需氧量的值越大，就说明污染物质越多，富营养化越严重，并且越容易散发臭味。

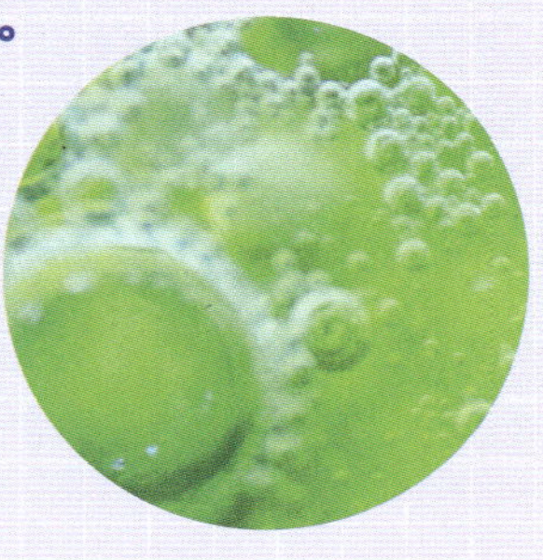

富营养化是怎么造成的

河水或湖水因为污染造成藻类大量快速繁殖的现象就是富营养化。

河水或湖水被污染后，以污染物质中的营养物质为食的藻类和植食性浮游生物会快速繁殖，以这些藻类和植食性浮游动物为食的肉食性浮游生物等水生生物也会快速增多。多出来的这些动植物死后会导致大量微生物的产生，水中的氧气含量也会随之降低，最终河流或湖水会变臭、变混浊。绿藻和赤潮现象都属于富营养化。

藻类和植食性浮游生物增多，以它们为食的肉食性浮游生物和水生生物也随之增多。

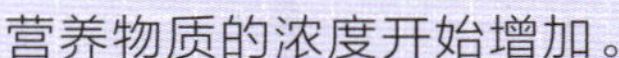

营养物质的浓度开始增加。

之前快速繁殖的生物开始死亡并腐烂。

微生物分解尸体的过程中要消耗大量的氧气。

鱼类因为缺氧而死亡，水开始腐烂发臭，能见度也随之降低。

海水为什么会变颜色

可能是浮游生物数量骤增导致的赤潮现象。

阳光照射强烈导致海水温度上升，降水量增加导致大量营养成分进入河流与大海，污染物增多，以上因素都能为浮游生物提供宜居的环境，导致浮游生物数量突增。

不同的浮游生物会导致红色、黄色、红褐色等不同颜色的赤潮。发生赤潮时，浮游生物会消耗水中的氧气，导致水中溶解的氧气不足，有毒的浮游生物也会导致大量鱼类窒息死亡。

赤潮现象

湖面为什么会变成绿色

可能是污染导致藻类的大量增殖而产生的水华现象。

淡水或浅海区中生长着绿藻，当污染物质流入湖水或海洋时，绿藻会因食用污染物质而迅速繁殖，导致水呈绿色。随着绿藻增多，水中的氧气被耗尽，鱼类等生物在水中死亡并腐烂，生态系统遭到破坏。这就是水华现象。

预防水华现象应该彻底净化生活污水和生产污水，防止污染物流入江河或大海。

“酸雨”就是酸味的雨吗

酸雨是由于污染物质溶于雨而导致pH低于5.6的雨水。

通常来说，雨水的pH为5.6～6.5，呈弱酸性。但工厂废气、汽车尾气等有害气体中的污染物质一旦与空气中的水蒸气结合，就会产生呈强酸性的硫酸或硝酸。这些物质溶于雨水，就会生成酸雨。

酸雨会侵蚀由金属、石料等制造的历史遗迹或建筑物，对动植物也会造成危害。为了减少酸雨的形成，我们应该减少使用煤炭、石油等化石燃料，努力开发可替代能源或清洁能源。

酸雨造成的危害

土壤为什么会酸化

施用化肥和酸雨现象可导致土壤变成酸性。

植物在吸收了化肥中的氮、磷、钾等生长所需元素后，余下了硫酸，而硫酸会使土壤逐渐酸化。另外，空气中的硫酸、硝酸等污染物质会混合在雨水中形成酸雨，也会让土壤酸化。

土壤一旦酸化，植物将无法生长，土壤中的动物也难以继续生存。可以在酸化的土壤中撒上石灰，以中和土壤的酸性。

沙尘天气时，要减少外出哦

风卷起地面的尘土和沙粒，使空气混浊的天气就是沙尘天气。

根据沙尘天气的等级，可以分为浮尘、扬沙、沙尘暴、强沙尘暴和特强沙尘暴。

沙尘天气

长时间持续的沙尘天气容易引发疾病，如呼吸道疾病、眼部疾病等，也会导致精密机器出现故障。但沙尘天气也能为土壤和海洋提供营养物质，并对酸雨和酸性土壤起到中和作用。

小水滴，上天入地汇海流

地球上的水以气体、液体、固体的形式在地表和大气间循环。

地球上的水以水蒸气、雾、云、雪、雨、冰等各种形式在地表和大气间不断循环。水循环是地球上的物质迁移和能量转换的重要过程，它还对自然环境产生深刻的影响。

降雨不够人工来凑

在云中喷洒凝结核，令水蒸气凝结，从而人为实现降雨。

如果云中有水滴和水蒸气，但不足以导致降雨的产生，就可以向云中喷洒凝结核，使水蒸气凝结或产生冰粒，从而实现人工降雨。

通常将干冰粉撒在云层中以降低温度，从而有更多的水蒸气凝结，以实现人工降雨。

海水淡化有绝招

将高浓度盐水分离出海冰。

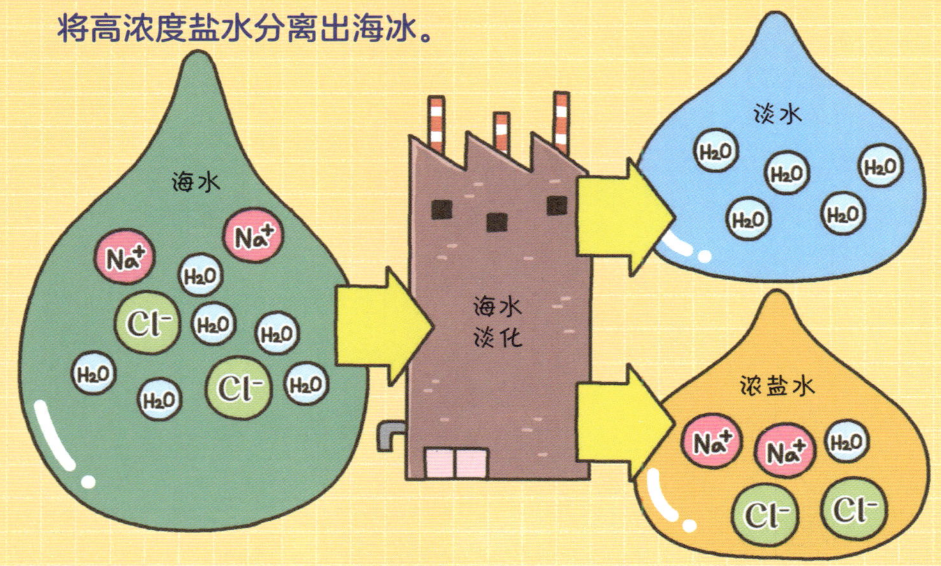

地球上的海水约占所有水资源的96.5%，海水淡化是解决水资源短缺的有效途径。由于温度影响，海水在冻结时，会有一部分高浓度盐水，由于来不及排出冰体而被包裹在冰块内部。我们可以将高浓度盐水分离出海冰。

中水回用，能减少水资源的浪费

中水系统能将使用过的自来水进行处理以用作生活、工业用水。

中水系统是位于上水道（自来水管道）和下水道之间的水道系统。中水回用包括工业废水和城市污水的循环利用，将处理过的水用于冲马桶、工业冷却、清洗打扫等，能在一定程度上减少水资源的浪费。中水回用提供了新水源，可以减少部分自来水用量，相应减少城市自来水处理设施的投资和维护成本。

能量金字塔，给能量排排序

能量总量在能量金字塔由下向上递减。

按照一定层级排序，生产者位于底层，三级消费者位于顶层，这就是能量金字塔。能量总量在能量金字塔中，由下而上逐层减少。

什么是食物链

生物按照吃与被吃的关系排列的序列就是食物链。

生态系统中的各种生物之间有着吃与被吃的关系。蝗虫吃水稻，青蛙吃蝗虫，苍鹭吃青蛙——如果按顺序排列，就是水稻→蝗虫→青蛙→苍鹭。这样的取食关系连接起来就形成了一条链，即食物链。食物链将取食关系简单地用箭头表示出来，“水稻→蝗虫”的意思就是蝗虫吃水稻。

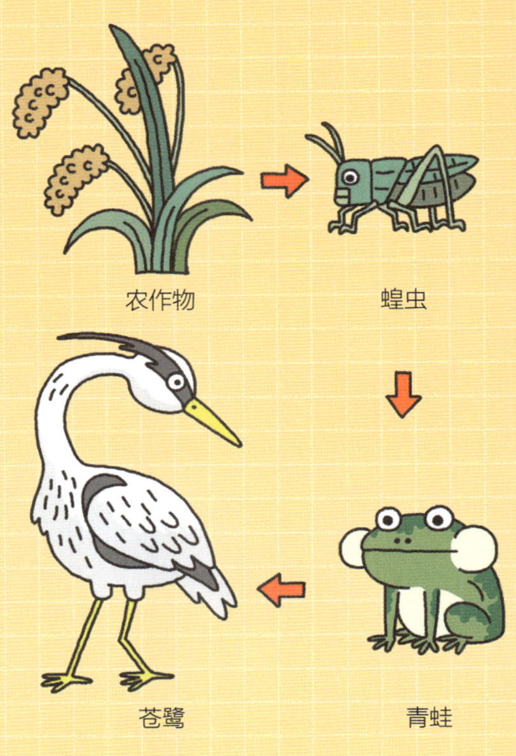

哇，好复杂的食物网

生物之间取食与被取食的关系所形成的复杂网络。

生态系统中大多数生物的食物来源都不是单一的，因此它们之间取食与被取食的关系就形成了一张错综复杂的网。食物网越复杂，就越稳定，也越能维持生态系统的活力。

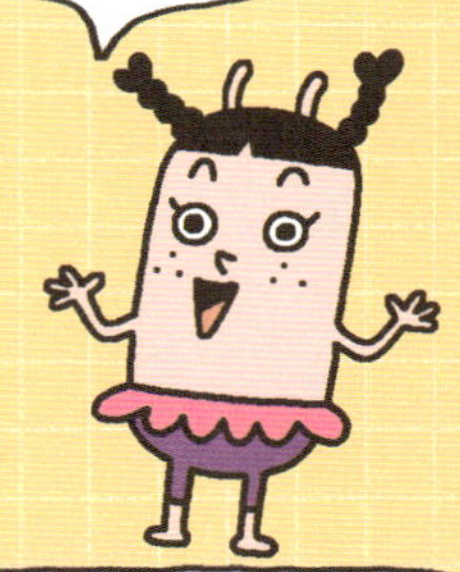

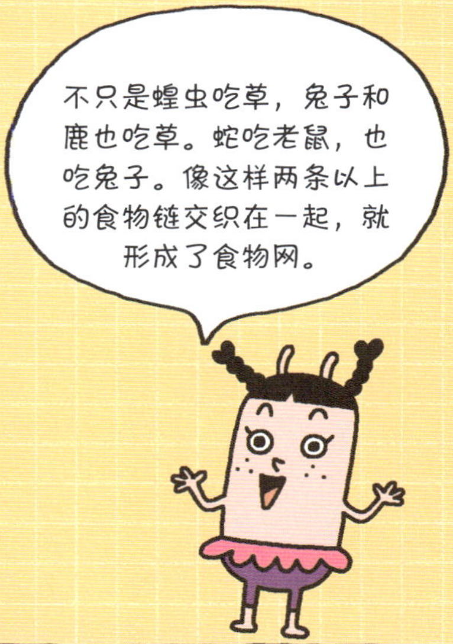
不只是蝗虫吃草，兔子和鹿也吃草。蛇吃老鼠，也吃兔子。像这样两条以上的食物链交织在一起，就形成了食物网。

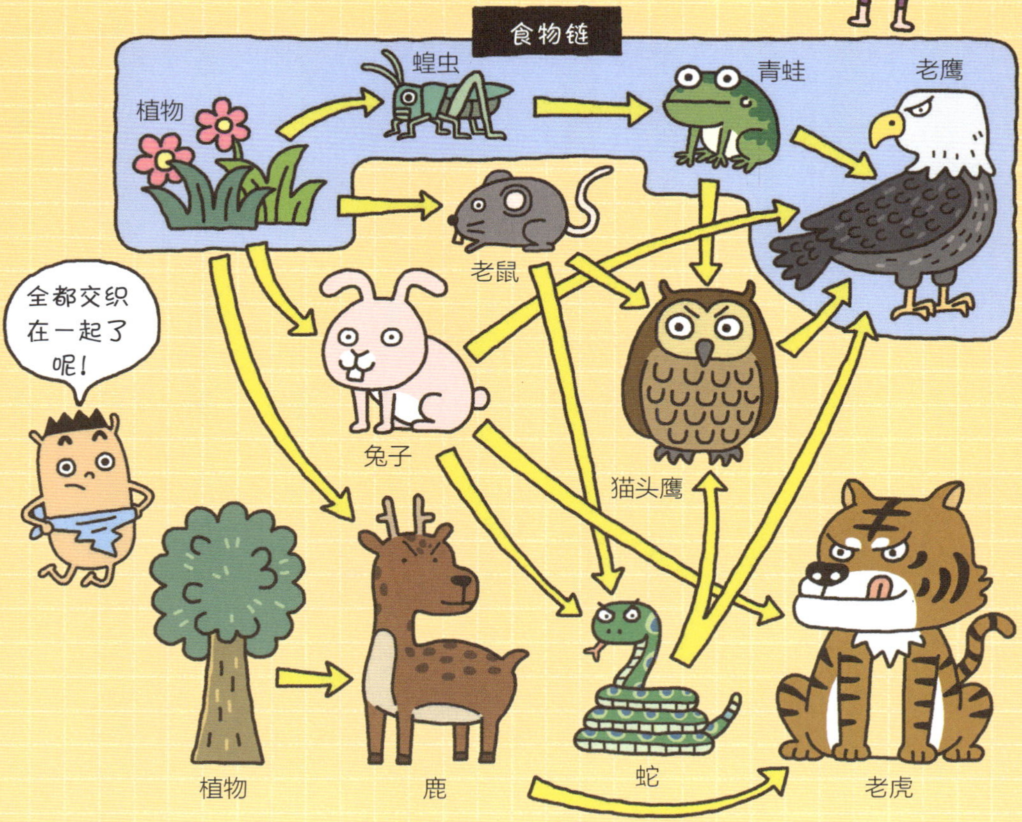
食物链
植物
蝗虫
青蛙
老鹰
老鼠
全都交织在一起了呢！
兔子
猫头鹰
植物
鹿
蛇
老虎

树林里的食物网

什么是生态系统

生物生存的环境以及在这个环境中生存的所有生物。

生态系统由生物、非生物的物质和能量共同组成。根据生物在生态系统中的角色，一般可分为生产者、消费者、分解者。非生物的物质和能量，就是除去生物之外的所有要素，包括氧气、二氧化碳、水、营养盐类等物质，阳光、温度、降水量等气候因素，以及空气、土壤等环境因素。

知识拓展　生态系统的平衡和破坏

生态系统的平衡，是指通过生物之间取食与被取食的关系，使生物的种类和数量维持在一定水平。与此相反，生物数量的不均衡就叫作生态系统的破坏。生态系统一旦被破坏，食物链也会断裂，最终这个生态系统中的所有生物都会受到危害。

生态系统

“天敌”都是坏的吗

天敌就是捕食特定生物的生物。

在生态系统中，所有生物都处在吃与被吃的关系网中，因此对于除了顶级消费者之外的所有生物来说，都有以自身物种为食的天敌存在。如果一种生物在某个地区没有天敌，那这种生物的数量就会过多。如果害虫的天敌变少，那么病虫害就会爆发。天敌在维持生态系统的平衡方面起着非常重要的作用。

利用天敌防治病虫害

咦！蚯蚓粪

由蚯蚓粪便组成的天然肥料。

蚯蚓吞食土壤，消化掉土壤中的各种营养成分，然后排泄出去。蚯蚓排出的粪便中含有大量有机物质，而且蚯蚓粪是具有团粒结构的土壤，这些都有助于植物的生长发育。

分解者有什么作用

分解者分解生产者和消费者的残体或排泄物。

生态系统中的生物可以按照摄入养分的方法的不同，分为生产者、消费者和分解者。分解者分解生产者和消费者的残体或排泄物。分解后的物质可以成为植物的肥料，帮助生产者，也就是植物，生产养分。分解者不仅包括靠从其他生物获取养分而生存的蘑菇、霉菌和细菌，也包括土壤中将生物残体分解并获取养分的蚯蚓。

知识拓展

蔬菜、水果如果不及时吃掉，会腐烂变质，这就是细菌和真菌的分解作用造成的。树桩上长出的真菌，会把树桩分解成碎片，小小的真菌可以使坚硬的树桩慢慢腐烂。想想看，还能不能举出更多有关分解的例子呢？

土壤中生物的分解

谁是生产者

生产者是通过光合作用自己制造养分的生物。

生产者主要是绿色植物，是生态系统中其他生物的营养来源。生产者、分解者、消费者共同组成了生态系统中的生物部分。

我们都是消费者

无法自己制造养分，只能靠植物或捕食其他动物为生的生物。

因为它们在生态系统中消费养分，所以叫作消费者。以生产者为食的草食动物是一级消费者，如浮游动物、蝗虫、兔子等。以一级消费者为食的动物是二级消费者，以二级消费者为食的动物是三级消费者。在生态系统中不会被其他动物捕食的动物就是顶级消费者，如人类。

什么是城市热岛效应

城市中高层建筑密集，导致其平均气温高于周边地区的现象。

热岛效应是由大量建筑物、道路等高蓄热体，以及汽车等人工发热体造成的。如果画出城市的气温曲线，可以发现城市看起来就像漂浮在海上的岛屿，因此被形象地称为热岛效应。

热岛地区与周边地区的温差在冬季最为明显，晚上比白天明显，这影响了动植物的生存，破坏了生态系统。高温天气的热岛效应，还会增加人们使用空调、电风扇的频率，增加城市耗能。

温室效应有什么危害

温室效应是指地球大气中的温室气体像玻璃一样笼罩地球，导致气温升高的现象。

太阳辐射可以轻易通过大气中的水蒸气和二氧化碳。但是地球反射的辐射能，一部分被温室气体吸收，一部分又重新返回地表，因此地球气温升高。

人类越来越多地使用煤炭、石油、天然气等化石燃料，导致二氧化碳、甲烷等温室气体增多，而这些温室气体会引发温室效应。温室效应导致地球平均气温升高，世界各地气候发生变化，生态系统遭到破坏。

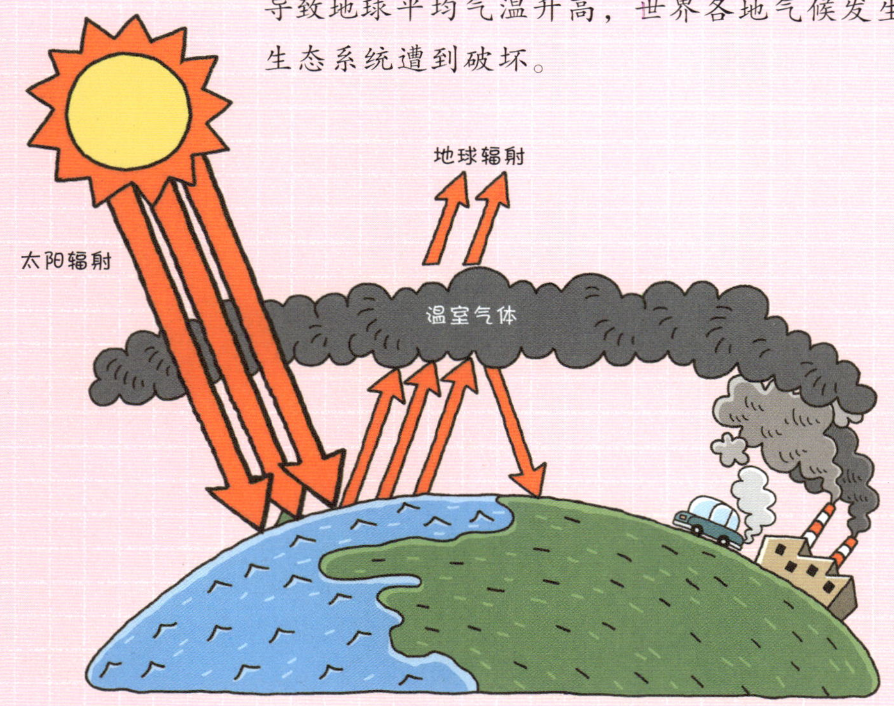

不完全燃烧有什么危害

不完全燃烧是指氧气不足而导致燃料未能完全燃烧的状态。

在氧气充足的情况下，燃料燃烧后的主要产物为二氧化碳和水。不完全燃烧则会产生烟尘、一氧化碳等污染物质。

蜡烛燃烧时可能会产生黑烟，汽车也会产生尾气，这些都是不完全燃烧导致的。

知识拓展 **为什么天然气属于清洁能源？**

天然气不仅在开采和运输时产生的污染很少，而且由于其主要成分是甲烷，在燃烧过程中产生的有害物质极少，燃烧产生的二氧化碳还仅为煤的40%左右。

三大化石燃料中的煤和石油，燃烧时产生的硫以及燃烧不完全产生的不饱和碳氢/碳氧化物，是酸雨和温室效应的“罪魁祸首”。它们燃烧产生的氮氧化物，则是雾霾的主要成分。

全球气候变暖有哪些危害

全球气候变暖是指地球表面的平均温度上升的现象。

我们日常使用煤炭、石油等化石燃料的过程中会排放出二氧化碳等温室气体，这些温室气体引发了温室效应，导致全球气候变暖。

在过去的一百多年间，地球的平均温度上升了0.4～0.8 ℃。由于全球气候变暖，夏天变得更长，冬天变得更短，旱季变得更长。另外，冰川逐渐融化，海平面上升，引起了一系列自然灾害，对生态环境影响恶劣。

哪些能源是可再生能源

可再生能源是指自然界中可以循环再生的能源。

可再生能源有风能、太阳能、水能、生物质能、地热能等。煤炭、石油、天然气等化石能源属于不可再生能源。

化石能源燃烧时产生的有害物质是酸雨和温室效应的“罪魁祸首”。此外，化石能源属于不可再生能源，总有消耗殆尽的时候。而可再生能源取之不尽、用之不竭，并且风能、水能、太阳能等不会排放温室气体，因此人类逐渐有意识地加大了可再生能源的使用占比。

“碳”怎么会有足迹

碳足迹就是人类行为或产品制造过程中产生的二氧化碳的量。

动物行走会留下足迹，同样的，碳足迹就是一个人的行为或者一个产品制造过程中产生的二氧化碳的量。排放的二氧化碳越多，碳足迹的数值就越大。

有些国家会对商品进行碳排放认证，消费者在购买时可以看到商品上的碳足迹数字，从而选择更加低碳环保的商品，这样能够助力减缓全球变暖。

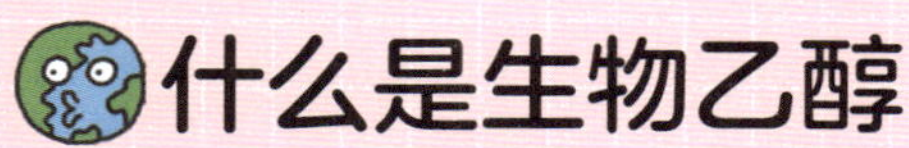

什么是生物乙醇

由甘蔗、小麦、玉米、土豆、大麦等作物中的葡萄糖发酵制成的乙醇燃料。

生物乙醇与化石燃料不同，是从植物中获取的，不含环境污染物质，且可以随时制取。制备生物乙醇使用最多的原料是甘蔗。在盛产甘蔗的巴西，70%的汽车都使用混合了生物乙醇的汽油。而其他国家因为制备生物乙醇费用高昂，使用较少。

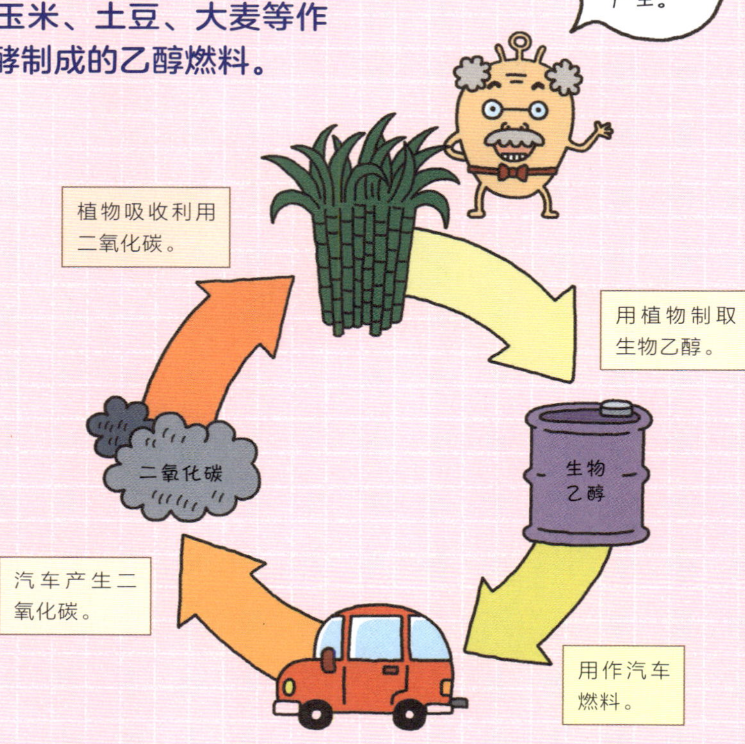

生物乙醇的循环

索引

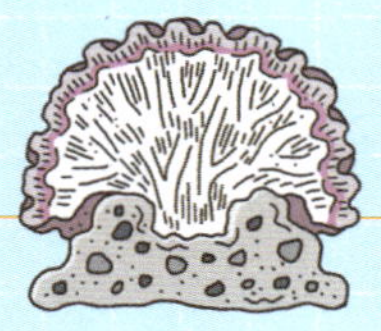